troisième édition

LE FRANÇAIS CLAIR

TOMOHIKO KIYOOKA

HAKUSUISHA

音声ダウンロード

この教科書の音源は、白水社ホームページ（http://www.hakusuisha.co.jp/download/）からダウンロードすることができます（お問い合わせ先：text@hakusuisha.co.jp）。

表紙デザイン・本文レイアウト：清岡秀哉
ナレーション：レナ・ジュンタ

まえがき

――三訂版刊行にあたって――

『ル・フランセ・クレール』は，初めてフランス語を学ぶ学生のための，初級文法用テキストです．2007 年の春に刊行されて以来，本書は幸いにも，たいへん多くの大学の授業で使っていただくことができました．そして 2016 年には，実際にお使い頂いた先生方や学生のみなさんからの提案を生かした〈新版〉を刊行し，また今回，さらにヴァージョンアップした三訂版をお届けできることになりました．基本的な形はそのままに，音声収録部分を大幅に拡充，また全 100 問の総合問題を追加しました．

本書がもっとも留意したのは，授業を受ける学生のみなさんにとっての，「学びやすさ」です．文法項目の配列のシンプルさ，構造がクリアーな例文，重要ポイントが自然に身につく練習問題，聞き取りやすい音声，そして「使える」語彙．こうしたことが，いわば 1 つのチームのように組み合わされ，その結果として，学習者がスムーズにフランス語の世界に入ってゆけること，そしてその新しい世界で，自然に楽しめるようになること……こうしたことが可能になる「学びやすさ」こそ，本書の目指したところです．

また本書においては，上述のような基本方針に加え，以下のような工夫もなされています．

1）すべての例文に，（直訳に近い）和訳がついています．

学習者にとって，例文の意味が気になるのは当然です．ただ，それに気を取られ過ぎると，構文の理解がおろそかになる危険もあります．本書では，この危険を排し，構文理解に集中できるよう，すべての例文に和訳をつけました．学習者は，安心して，先生方の説明に耳を傾けることができるはずです．学生にとっての「学びやすさ」が実現できれば，それは同時に，先生方にとっての「教えやすさ」ともなるだろうと考えています．

2）全体の 3 分の 1 だけに，カタカナのルビがついています．

文法の授業においては，どうしても発音の説明に割く時間は限定的になります．そこで本書では，全体の約「3 分の 1」ほどにルビをつけました．とはいえルビは，「なるべく早く外したい補助輪」のようなもの．ルビには，入門時のハードルを著しく下げてくれるというメリットがありますが，それに頼りきってしまうのは逆効果でしょう．本書は「3 分の 1」だけ（8 課の途中まで）ルビがついています．学生のみなさんには，そこまで進む間に，何度でも「文字と発音」のコーナーをふり返り，発音のルールを身につけてほしいのです．そして 9 課以降は，補助輪なしで読めるように．もちろん，付属の音声は，おおいに活用してください（付録の「単語集」には，すべての語にルビがふられています．ですから 9 課以降でも，もしも迷った時には，音声とこの「単語集」が助けになってくれます）．

3）書き込み式の〈Vocabulaire〉のページを設けました.

各課の新出単語をまとめた〈Vocabulaire〉は，学習者が自ら和訳を書き込む形式としました．したがって〈Vocabulaire〉は，予習用の宿題，授業中の作業，あるいは単語の小テストなど，さまざまな利用の仕方が考えられます（書き込む際には，付録の「単語集」を使うことができます．辞書などの使用を推奨する場合には，この単語集を前もって回収して頂ければと思います）.

4）仏検 5 級に必要な基本単語は，ほぼすべて使われています.

本書では，APEF（フランス語教育振興協会）が公認している仏検 5 級レベルの単語を，ほとんどすべて収録しました．したがって，〈Vocabulaire〉や「単語集」を使って本書の単語をマスターすれば，5 級の試験では満点を目指すことができます．また，1 年間の授業を終えた後に，この「単語集」の単語なら全部知っている，という状態にできたなら，それはきわめて大きな達成感を与えてくれるはずです（本書には，4 級レベルの単語も，ある程度含まれています）.

5）拡充された音声収録と総合問題

今回の三訂版においては，各課の本文や音声問題に加えて，すべての練習問題についても音声を収録しました．この音声を使えば，任意の練習問題を，音声問題に切り替えて取り組むことも可能です．もちろん，答え合わせの補助としても役立ちます.

また，この度追加された〈総合問題〉は，前半（1〜10 課）と後半（11〜19 課）に分かれ，それぞれ 50 問から成っています．使われている例文は，すべて本文や練習問題からピックアップされたもので，それらを，動詞，あるいは前置詞といった，別のテーマに沿ってまとめ直しました．知識の整理をするのに，とても役立つとものとなってくれるはずです．この〈総合問題〉についても音声が収録されていますので，やはり音声問題として取り組むことも可能です.

「学びやすさ」と「教えやすさ」．それがこの『ル・フランセ・クレール』の目指したところです．とはいえ言うまでもなく，教科書は，授業で息を吹き込まれて初めて，生命を得ます．本書が，生き生きとした授業の一助となり，学生のみなさんがフランス語の世界で羽ばたくための跳躍台となることがあれば，これに勝る喜びはありません.

2020 年　秋　　　　著者

目　次

文字と発音

I アルファベ（alphabet） 2

A	**a**	[a ア]	N	n	[ɛn エヌ]
B	b	[be ベ]	**O**	**o**	[o オ]
C	c	[se セ]	P	p	[pe ペ]
D	d	[de デ]	Q	q	[ky キュ]
E	**e**	[ə ウ]	R	r	[ɛːr エール]
F	f	[ɛf エフ]	S	s	[ɛs エス]
G	g	[ʒe ジェ]	T	t	[te テ]
H	h	[aʃ アシュ]	**U**	**u**	[y ユ]
I	**i**	[i イ]	V	v	[ve ヴェ]
J	j	[ʒi ジ]	W	w	[dubləve ドゥブルヴェ]
K	k	[ka カ]	X	x	[iks イクス]
L	l	[ɛl エル]	**Y**	**y**	[igrɛk イグレック]
M	m	[ɛm エム]	Z	z	[zɛd ゼッドゥ]

（網掛け）は母音

II つづり字記号 3

アクサン・テギュ	é
アクサン・グラーヴ	à è ù
アクサン・シルコンフレックス	â ê î ô û
トレマ	ë ï ü
セディーユ	ç
アポストロフ	l'ami
トレ・デュニオン	après-midi

III　発音記号と音　～フランス語の「音」を確かめよう～　4

1　母音

[a] [ɑ]	[ア]
[i]	[イ]
[ø] [œ] [ə] [u]	[ウ]
[e] [ɛ]	[エ]
[o] [ɔ]	[オ]
[y]	[ユ]

母音表

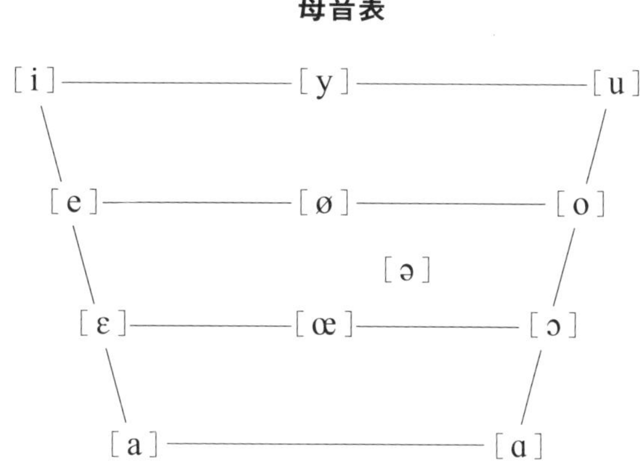

2　鼻母音　5

[ɑ̃]：[アン]（喉の奥で［アン］）
[ɛ̃]：[アン]（唇を横に引いて［アン］，［エン］に近い）
[ɔ̃]：[オン]（[o］の口で，息を鼻にぬいて）
[œ̃]：（[ɛ̃］で代用されることが多い）

3　半母音 … 他の母音の直前で，短く発音される．　6

([i]→)　[j]：[イ］に近い　　([ja］は［ヤ])
([y]→)　[ɥ]：[ユ］に近い　　([ɥa］は［ユア])
([u]→)　[w]：[ウ］に近い　　([wa］は［ワ])

4　子音　7

[p]：[プ]　　[t]：[トゥ]　　[k]：[ク]
[b]：[ブ]　　[d]：[ドゥ]　　[g]：[グ]

[f]：[フ]　　[s]：[ス]　　[ʃ]：[シュ]
[v]：[ヴ]　　[z]：[ズ]　　[ʒ]：[ジュ]

[m]：[ム]　　[n]：[ヌ]　　[ɲ]：[ニュ]

[l]：[ル]　　[r]：[ル]

Ⅳ　文字の読み方　～単語を読んでみよう～　8

★特に注意すべき《発音しないつづり字》

・語末の子音字は発音しない	restaurant
（ただし，c, f, l, r が語末にくる場合，発音することが多い）	chef
・語末の e は発音しない	madame
・h は発音しない（例外なし）	hôtel

1　母音字（a, i, u, e, o, y）が単独の場合の読み方　9

a, à, â	[a/ɑ]	ア	ami	[ami]	アミ	âge	[ɑːʒ]	アージュ
e	[e/ɛ]	エ	merci	[mɛrsi]	メルスィ			
é, è, ê	[e/ɛ]	エ	été	[ete]	エテ	mère	[mɛːr]	メール
i, î, y	[i]	イ	vite	[vit]	ヴィットゥ	style	[stil]	スティル
o, ô	[o]	オ	joli	[ʒoli]	ジョリ	tôt	[to]	ト
u, û	[y]	ユ	sur	[syr]	スュール	flûte	[flyt]	フリュットゥ

★ e が無音になる２つのケース

(a) 語末	salade	[salad]	サラッドゥ
(b) 直後に〈子音字＋母音字〉	samedi	[samdi]	サムディ

2　２つ以上の母音字（a, i, u, e, o, y）が組み合わせられた場合の読み方　10

ai, ei	[ɛ]	エ	mais	[mɛ]	メ	Seine	[sɛn]	セーヌ
au, eau	[o/ɔ]	オ	auto	[oto]	オト	cadeau	[kado]	カドー
eu, œu	[ø/œ]	ウ	bleu	[blø]	ブルー	sœur	[sœːr]	スール
ou	[u]	ウ	amour	[amuːr]	アムール			
oi	[wa]	ワ	voiture	[vwatyːr]	ヴワテュール			

◇半母音になる場合

i ＋母音字	[j]	(イ)	piano	[pjano]	ピアノ
u ＋母音字	[ɥ]	(ユ)	nuit	[nɥi]	ニュイ
ou ＋母音字	[w]	(ウ)	oui	[wi]	ウイ

3　母音字＋ m, n（鼻母音）　11

am, an, em, en	[ɑ̃]	アン	lampe	[lɑ̃ːp]	ラーンプ	ensemble	[ɑ̃sɑ̃ːbl]	アンサーンブル
im, in, ym	[ɛ̃]	アン	simple	[sɛ̃pl]	サンプル	vin	[vɛ̃]	ヴァン
aim, ain, ein			faim	[fɛ̃]	ファン	pain	[pɛ̃]	パン
om, on	[ɔ̃]	オン	nom	[nɔ̃]	ノン	bon	[bɔ̃]	ボン
um, un	[œ̃]	アン	parfum	[parfœ̃]	パルファン			

★鼻母音になるはずの綴りが，鼻母音にならない２つのケース

(a) 直後に m や n が続いている	parisienne	[parizjɛn]	パリズィエンヌ
(b) 直後に母音字が続いている	maintenant	[mɛ̃tnɑ̃]	マントゥナン

4　特殊な読み方

12

− ill	[ij]	イーユ	fille	[fij]	フィーユ
母音字＋ il, ill	[—j]	〜ユ	travail	[travaj]	トゥラヴァーユ

5　注意すべき子音字の発音

13

c ＋	a, o, u	[k]	café	[kafe]	カフェ			
	e, i, y	[s]	ceci	[səsi]	ススィ			
ç		[s]	ça	[sa]	サ	leçon	[lsɔ̃]	ルソン
g ＋	a, o, u	[g]	garçon	[garsɔ̃]	ギャルソン			
	e, i, y	[ʒ]	fromage	[frɔmaʒ]	フロマージュ			
gu ＋	e, i, y	[g]	guide	[gid]	ギッドゥ	＊gu の 2 文字で［g］の発音.		
s		[s]	personne	[pɛrsɔn]	ペルソンヌ			
		[z]	（母音字＋ s ＋母音字）saison	[sɛzɔ̃]	セゾン			
h		[-]	homme	[ɔm]	オム			
ch		[ʃ]	chocolat	[ʃɔkɔla]	ショコラ			
gn		[ɲ]	montagne	[mɔ̃taɲ]	モンターニュ			
qu		[k]	question	[kɛstjɔ̃]	ケスチオン			
th		[t]	théâtre	[teɑːtr]	テアートル			
ph		[f]	téléphone	[telefɔn]	テレフォン			

V　語群の読み方　〜母音で始まる語の前での，注意すべき三規則〜

1　リエゾン（liaison）

14

本来発音されない語末の子音字が，次に母音で始まる語がくると，その母音と結びついて発音されるようになること.（-s, -x →[z], -d →[t]）

petit	[pti]	プティ	＋enfant	[ɑ̃fɑ̃]	→	petit‿enfant	[ptitɑ̃fɑ̃]	プティタンファン
des	[de]	デ	＋oranges	[ɔrɑ̃ʒ]	→	des‿oranges	[dezɔrɑ̃ʒ]	デゾランジュ
deux	[dø]	ドゥー	＋hommes	[ɔm]	→	deux‿hommes	[døzɔm]	ドゥーゾム

2　アンシェヌマン（enchaînement）

15

発音される語末の子音が，次に母音で始まる語がくると，その母音と一体化して発音されること.

il	[il]	イル	＋a	[a]	ア	→ il⁀a	[ila]	イラ
une	[yn]	ユヌ	＋école	[ekɔl]	エコール	→ une⁀école	[ynekɔl]	ユネコール

3　エリジヨン（élision）

16

ce, de, je, la, le, me, ne, que, se, te の 10 語が，次に母音で始まる語がくると，それぞれ c’, d’, j’, l’, l’, m’, n’, qu’, s’, t’ になること.

（~~je ai~~ →）j’ai　　　（~~la orange~~ →）l’orange

Leçon 1

I 名詞の性と数 17

1）名詞はすべて，男性名詞か女性名詞に分かれます．

男性（*m.*）	père ペール	父	garçon ギャルソン	少年	restaurant レストラン	レストラン	pain パン	パン
女性（*f.*）	mère メール	母	fille フィーユ	少女	boutique ブティック	ブティック	salade サラドゥ	サラダ

2）単数形（*s.*）の語尾に —s を付けると，複数形（*pl.*）になります．ただしこの —s は発音しません．（単数形と複数形の発音は同じになります．）

frère フレール → frère**s** フレール 兄弟　　sœur スール → sœur**s** スール 姉妹

II 冠詞 … 名詞がかぶる「冠」のような語．フランス語の冠詞は 3 種類あり，それぞれ用法にちがいがあります． 18

1）不定冠詞 … ものや人が，初めて話題になるときに用いられます．訳語は「ひとつの〜/ひとりの〜」（単数），「いくつかの〜/何人かの〜」（複数）です．

	s.（単数）	*pl.*（複数）
m.（男性）	**un** アン	**des** デ
f.（女性）	**une** ユヌ	

un garçon アン ギャルソン　ひとりの少年
des garçons デ ギャルソン　何人かの少年たち
une fille ユヌ フィーユ　ひとりの少女
des filles デ フィーユ　何人かの少女たち

＊不定冠詞の後に，母音（または無音の h）で始まる語が続く場合，リエゾンやアンシェヌマン（→ p. 9）が起こります．

un, des ＋母音 → リエゾン
un‿ami アンナミ　ひとりの友人
des‿écoles デゼコール　いくつかの学校

une ＋母音 → アンシェヌマン
une⌒étoile ユネトゥワル　ひとつの星

m. = masculin マスキュラン（男性）	*s.* = singulier サンギュリエ（単数）
f. = féminin フェミナン（女性）	*pl.* = pluriel プリュリエル（複数）

2）定冠詞 … ①「その～」　　　　：特定の「もの」や「人」の前に付きます．
　　　　　　②「～（というもの）」：あるもの全体を表わす場合です．　19

	s.	*pl.*
m.	**le**（l'）ル	**les** レ
f.	**la**（l'）ラ	

① ***le*** garçon　その少年
ル ギャルソン
la boutique　その店
ラ ブティック
② ***la*** musique　音楽（一般）
ラ ミュズィック
les films　映画（作品）
レ フィルム

＊le, la は，後に母音（または無音の h）で始まる語が続く場合，エリジオン（→ p. 9）して l' になります．

l'amour（← ~~le amour~~）恋愛　　l'école（← ~~la école~~）学校
ラムール　　レコール

3）部分冠詞 … 数えられない名詞の前に付いて，「ある量」を表わします（複数形はありません）．　20

m.	**du**（de l'）デュ
f.	**de la**（de l'）ドゥ ラ

du café　コーヒー
デュ カフェ
de la viande　肉
ドゥ ラヴィアンドゥ

＊du も de la も，後に母音（または無音の h）で始まる語が続く場合，de l' という形になります．

de l'argent　お金（*m.*）　　***de l'***eau　水（*f.*）
ドゥ ラルジャン　　ドゥ ロー

発音ルールの確認 ～母音字の組合せ・1　21

au, eau	[o/ɔ]	rest**au**rant	[rɛstɔrɑ̃]	**eau**	[o]
ou	[u]	b**ou**tique	[butik]	am**ou**r	[amur]

Exercices 1

I 適当な不定冠詞を書き入れましょう. 22

1） ________ garçon 2） ________ fille 3） ________ frères

4） ________ sœur 5） ________ restaurant 6） ________ écoles

7） ________ orange 8） ________ boutiques 9） ________ maison

II 適当な定冠詞を書き入れましょう. 23

1） ________ garçon 2） ________ fille 3） ________ sœurs

4） ________ restaurants 5） ________ orange 6） ________ café

7） ________ école 8） ________ boutique 9） ________ films

10） ________ soleil 11） ________ lune 12） ________ frère

III 適当な部分冠詞を書き入れましょう. 24

1） ________ café 2） ________ viande 3） ________ pain

4） ________ argent 5） ________ salade 6） ________ eau

25

h で始まる語

語頭の h は，つねに発音しません．ただし，リエゾン，アンシェヌマン，エリジヨンの 3 規則（p. 9）を妨げるグループ（有音の h）と，妨げないグループ（無音の h）の 2 種類に分かれます．

〈無音の h〉			〈有音の h〉			
	les	hôtels		les	héros	(†héros)
	une	heure		une	honte	
	l'	homme		le	hautbois	

Écoutons! 音声を聞いて，（　　　　）内に適当な語を書き入れましょう． 26

1）（　　　　）restaurant 2）（　　　　）musique 3）（　　　　）école

4）（　　　　）pain 5）（　　　　）eau 6）（　　　　）orange

Vocabulaire

Leçon 1 で使われている単語のリストです．
辞書や付録の単語集を使って，品詞や意味を書き入れ，「単語帳」を完成させましょう．

leçon			le		
père	m.		la		
mère	f.		les		
garçon			musique		
fille			film		
restaurant			amour		
boutique			du		
pain			de la		
salade			café		
frère			viande		
sœur			argent		
un			eau		
une			orange		
des			maison		
ami			soleil		
école			lune		
étoile					

基数・I

27

1	un (une) アン　ユヌ	2	deux ドゥー	3	trois トゥルワ	4	quatre カトゥル	5	cinq サンク
6	six スィス	7	sept セットゥ	8	huit ユイットゥ	9	neuf ヌフ	10	dix ディス

Leçon 2

I 主語になる代名詞

28

s.（単数）		*pl.*（複数）	
je ジュ	わたしは	**nous** ヌー	わたしたちは
tu テュ	君は	**vous** ヴー	君たちは／あなたは，あなたたちは
il イル	彼は／それは	**ils** イル	彼らは／それらは
elle エル	彼女は／それは	**elles** エル	彼女らは／それらは

i ）je はエリジオン（→ p. 9）すると j' となります．また，Je となるのは文の始めだけで，それ以外は je のままです．

ii ）tu は，相手がひとり（単数）で，しかも親しい間柄である場合にだけ用います．それ以外の場合，2 人称代名詞はすべて vous を用います．

iii ）il(s) / elle(s) は，「ひと」だけでなく「もの（男性名詞/女性名詞）」を受けることもできます．（訳語は，上の表のようになります．）

iv ）複数主語の場合，男性名詞が 1 つでも含まれていれば，ils を用います．elles を使うのは，すべて女性名詞の場合だけです．

II 動詞 être と avoir の直説法現在形

29

être（～である；いる，ある） エートゥル

je **suis**	nous **sommes**	ジュ スュイ	ヌ ソム
tu **es**	vous **êtes**	テュ エ	ヴゼットゥ
il **est**	ils **sont**	イレ	イル ソン
elle **est**	elles **sont**	エレ	エル ソン

Je ***suis*** étudiant. わたしは (男子) 学生です.
ジュ スュイ エテュディアン

Sophie ***est*** étudiante. ソフィーは (女子) 学生です.
ソフィ エ エテュディアントゥ

Ils ***sont*** à Paris. 彼らはパリにいます.
イル ソン ア パリ

＊属詞が「職業・国籍・身分」を表わす場合，冠詞は省略されます．
＊動詞の活用語尾としての —es は，発音しません．
＊主語代名詞と動詞の間では，可能な場合は必ずリエゾンします．

avoir （〜を持つ）　アヴワール　30

j'**ai**	nous **avons**	ジェ	ヌザヴォン
tu **as**	vous **avez**	テュ　ア	ヴザヴェ
il **a**	ils **ont**	イラ	イルゾン
elle **a**	elles **ont**	エラ	エルゾン

J'***ai*** un smartphone.　わたしはスマートフォンを持っています．
ジェ　アン　スマルトゥフォン

Vous ***avez*** des frères ?　兄弟はいますか？
ヴザヴェ　デ　フレール

Monsieur Bernard ***a*** deux enfants.　ベルナール氏は子供が二人います．
ムスィウ　ベルナール　ア　ドゥーザンファン

III　提示の表現　31

1）**voici** 〜：ここに〜があります，います／**voilà** 〜：そこに（ここに）〜があります，います
ヴワスィ　ヴワラ

Voici un chien.　ここに犬がいます．
ヴワスィ　アン　シアン

Voilà la voiture de Sophie.　そこにソフィーの車があります．
ヴワラ　ラ ヴワテュールドゥ　ソフィ

2）**c'est** ＋単数名詞：これ（それ・あれ）は〜です
セ

ce sont ＋複数名詞：これら（それら・あれら）は〜です
ス　ソン

C'est un cadeau pour Marie.　これはマリーへのプレゼントです．
セ　タン　カドー　プール　マリ

Ce sont les amis de Paul.　これらはポールの友達です．
ス　ソン　レザミ　ドゥ ポール

3）**il y a** 〜：〜があります，います
イリ　ヤ

Il y a un chat devant la porte.　ドアの前に猫がいます．
イリ ヤ　アン　シャ　ドゥヴァン　ラ　ポルトゥ

Il y a des filles dans la boutique.　店の中に女の子たちがいます．
イリ ヤ　デ　フィーユ　ダン　ラ　ブティック

発音ルールの確認 〜母音字の組合せ・II　32

ai [ɛ]	m**ai**son	[mɛzɔ̃]	ch**ai**se	[ʃɛːz]
oi [wa]	v**oi**là	[vwala]	v**oi**ture	[vwatyr]

Exercices 2

I　各文の主語を指示にしたがって変え，全文を書き改めましょう．　33

1) Il est professeur.　(je)　→ ＿＿＿＿＿＿＿＿
　(ils)　→ ＿＿＿＿＿＿＿＿

2) Tu es à la gare ?　(vous)　→ ＿＿＿＿＿＿＿＿
　(il)　→ ＿＿＿＿＿＿＿＿

3) Elles sont dans le café ?　(Marie)　→ ＿＿＿＿＿＿＿＿
　(tu)　→ ＿＿＿＿＿＿＿＿

4) Vous avez une voiture.　(je)　→ ＿＿＿＿＿＿＿＿
　(Paul)　→ ＿＿＿＿＿＿＿＿

5) Ils ont un smartphone.　(nous)　→ ＿＿＿＿＿＿＿＿
　(tu)　→ ＿＿＿＿＿＿＿＿

6) Il a du courage.　(elles)　→ ＿＿＿＿＿＿＿＿
　(vous)　→ ＿＿＿＿＿＿＿＿

II　次の単語を並べ変え，文を完成させましょう．　34

1) voiture, de, Paul, la, voilà　→ ＿＿＿＿＿＿＿＿

2) y, étudiantes, a, gare, devant, des, la, il
→ ＿＿＿＿＿＿＿＿

III　下線部の単語を複数形にし，全文を書き改めましょう．　35

1) Voilà une <u>boutique</u>.　→ ＿＿＿＿＿＿＿＿

2) C'est un <u>enfant</u>.　→ ＿＿＿＿＿＿＿＿

3) Il y a un <u>étudiant</u> dans la classe.
→ ＿＿＿＿＿＿＿＿

IV　和訳しましょう．　36

1) Voilà un chat. C'est le chat de Sophie.
→ ＿＿＿＿＿＿＿＿

2) Il y a encore du vin dans la bouteille ?
→ ＿＿＿＿＿＿＿＿

Écoutons!　音声を聞いて，(　　　　)内に適当な語を書き入れましょう．　37

1) (　　　　) (　　　　) à Paris ?

2) (　　　) (　　　) la voiture (　　　) Marie ?

3) (　　　) (　　　) (　　　) des tomates sur la table.

Vocabulaire

être			cadeau(x)		
étudiant			pour		
étudiante			Marie	f.	(固有) マリー (女性の名)
Sophie	f.	(固有) ソフィー (女性の名)	Paul	m.	(固有) ポール (男性の名)
à			il y a ～		
Paris	—	(固有) パリ	chat		
avoir			devant		
smartphone			porte		
monsieur			dans		
Bernard	m.	(固有) ベルナール (姓)	professeur		
deux	数	2 (☞ p. 13)	gare		
enfant			courage		
voici ～			classe		
voilà ～			encore		
chien			vin		
voiture			bouteille		
de			tomate		
c'est ～			sur		
ce sont ～			table		

avoir を使った表現

38

avoir faim/soif　空腹の／のどが渇いた
アヴワール ファン スワフ

avoir raison/tort　正しい／まちがっている
アヴワール レゾン トール

Leçon 3

I 否定形 … 動詞を ne（n'）〜 pas ではさみます.

ヌ　パ

être の否定形

je **ne** suis **pas**	nous **ne** sommes **pas**
tu **n'**es **pas**	vous **n'**êtes **pas**
il **n'**est **pas**	ils **ne** sont **pas**
elle **n'**est **pas**	elles **ne** sont **pas**

エートゥル
ジュ ヌ スュイ パ　ヌ ヌ ソム パ
テュ ネ パ　ヴ ネットゥ パ
イル ネ パ　イル ヌ ソン パ
エル ネ パ　エル ヌ ソン パ

🎧 39

Je ***ne*** suis ***pas*** médecin.　わたしは医者ではありません.
ジュ ヌ スュイ パ メドゥサン

Monsieur Martin ***n'***est ***pas*** dans le bureau.　マルタン氏は事務所にいません.
ムスィウ マルタン ネ パ ダン ル ビューロー

Ce ***n'***est ***pas*** la veste de Pierre.　これはピエールのジャケットではない.
ス ネ パ ラヴェストゥドゥ ピエール

★ 否定の de … 否定文では，直接目的語につく不定冠詞（un, une, des），部分冠詞（du, de la）は，すべて de（d'）に変わります（定冠詞は変わりません）.

J'ai *une* voiture.　→Je n'ai pas ***de*** voiture.　わたしは車を持っていません.
ジェ ユヌ ヴワテュール　ジュ ネ パ ドゥヴワテュール

Elle a *de l'*argent.　→Elle n'a pas ***d'***argent.　彼女はお金がない.
エラ ドゥ ラルジャン　エル ナ パ ダルジャン

Il y a *du* lait dans le verre.　→Il n'y a pas ***de*** lait dans le verre.　グラスには牛乳がない.
イリ ヤ デュ レ ダン ル ヴェール　イル ニ ヤ パ ドゥ レ ダン ル ヴェール

II 形容詞 …「大きい」,「若い」などのように，名詞・代名詞にかかる語です.

🎧 40

1）**形容詞の一致** … 形容詞は，それがかかる名詞・代名詞の性・数に合わせて，形が 4 通りに変化します.

	s.	*pl.*
m.	grand グラン	grands グラン
f.	grande グランドゥ	grandes グランドゥ

Nathalie est *grande*.　ナタリーは背が高い.
ナタリ エ グランドゥ

Ils ne sont pas *grands*.　彼らは背が高くない.
イル ヌ ソン パ グラン

＊女性単数形　：《 男性単数形＋ e 》
　複数形　　　：《 単数形＋ s 》

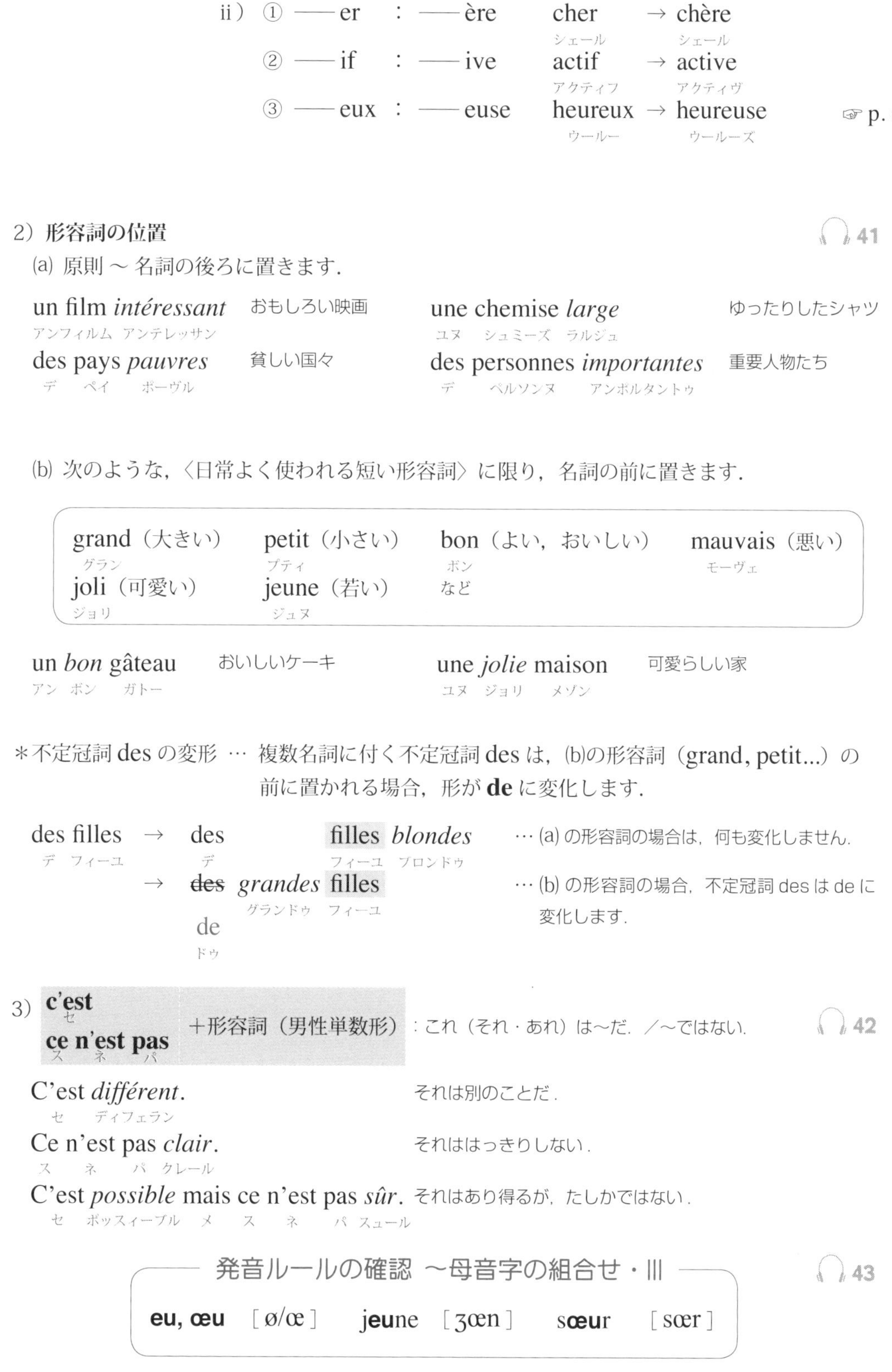

＊特殊な女性形

i ）	── e	： 男女同形	rouge（ルージュ） → rouge（ルージュ）	
ii ） ①	── er	： ── ère	cher（シェール） → chère（シェール）	
②	── if	： ── ive	actif（アクティフ） → active（アクティヴ）	
③	── eux	： ── euse	heureux（ウールー） → heureuse（ウールーズ）	☞ p. 98

2）**形容詞の位置**　41

(a) 原則 〜 名詞の後ろに置きます.

un film *intéressant*　おもしろい映画
アンフィルム アンテレッサン

une chemise *large*　ゆったりしたシャツ
ユヌ シュミーズ ラルジュ

des pays *pauvres*　貧しい国々
デ ペイ ポーヴル

des personnes *importantes*　重要人物たち
デ ペルソンヌ アンポルタントゥ

(b) 次のような,〈日常よく使われる短い形容詞〉に限り, 名詞の前に置きます.

> grand（大きい） グラン　petit（小さい） プティ　bon（よい, おいしい） ボン　mauvais（悪い） モーヴェ
> joli（可愛い） ジョリ　jeune（若い） ジュヌ　など

un *bon* gâteau　おいしいケーキ
アン ボン ガトー

une *jolie* maison　可愛らしい家
ユヌ ジョリ メゾン

＊不定冠詞 des の変形 … 複数名詞に付く不定冠詞 des は, (b)の形容詞（grand, petit...）の前に置かれる場合, 形が **de** に変化します.

des filles（デ フィーユ） → des（デ） filles *blondes*（フィーユ ブロンドゥ）　… (a) の形容詞の場合は, 何も変化しません.

→ ~~des~~ de（ドゥ） *grandes* filles（グランドゥ フィーユ）　… (b) の形容詞の場合, 不定冠詞 des は de に変化します.

3）**c'est**（セ） / **ce n'est pas**（ス ネ パ） ＋形容詞（男性単数形）：これ（それ・あれ）は〜だ. ／〜ではない.　42

C'est *différent*.　それは別のことだ.
セ ディフェラン

Ce n'est pas *clair*.　それははっきりしない.
ス ネ パ クレール

C'est *possible* mais ce n'est pas *sûr*.　それはあり得るが, たしかではない.
セ ポッスィーブル メ ス ネ パ スュール

発音ルールの確認 〜母音字の組合せ・III　43

eu, œu [ø/œ]　j**eu**ne [ʒœn]　s**œu**r [sœr]

Exercices 3

I avoir の否定形です．完成させましょう． 44

je	________	nous	________
tu	n'as pas	vous	________
il	________	ils	________

II 次の各文を否定文に書き改めましょう． 45

1) Je suis jeune. ________
2) Vous êtes français ? ________
3) C'est le smartphone de Marie. ________
4) J'ai une sœur. ________
5) Il a des enfants. ________
6) Il y a du vin rouge. ________

III 次の形容詞を適当な形に変え，a か b，どちらかふさわしい位置に書き入れましょう． 46

		a		b
1) japonais	: une	________	voiture	________
2) blond	: des	________	cheveux	________
3) bon	: un	________	gâteau	________
4) difficile	: une	________	question	________
5) joli	: une	________	fille	________
6) petit	: de	________	garçons	________
7) intéressant	: des	________	films	________
8) actif	: une	________	fille	________

IV （　　）内の形容詞を文中に入れて全文を書き改めましょう． 47

1) J'ai une sœur. (grand) → ________
2) Il a des pantalons. (noir) → ________
3) Voilà des étudiantes. (japonais) → ________
____
4) Elle a des robes. (joli) → ________

Écoutons! 音声を聞いて，（　　　　）内に適当な語を書き入れましょう． 48

1) Je n'(　　　　)(　　　　)(　　　　)enfants.
2) Il n'(　　　　)(　　　　) pas (　　　　) lait dans le verre.

Vocabulaire

médecin			petit, *e*	形	
Martin	m.	（固有）マルタン（姓）	bon, *ne*	形	
bureau			mauvais, *e*	形	
veste			joli, *e*	形	
Pierre	m.	（固有）ピエール（男性の名）	jeune	形	
de	—	否定の de（p. 18）	gâteau(x)		
lait			différent, *e*		
verre			clair, *e*		
grand, *e*	形		possible		
Nathalie	f.	（固有）ナタリー（女性の名）	mais		
rouge			sûr, *e*		
ch*er*, *ère*			blond, *e*		
acti*f*, *ve*			de	—	des の変形（〈形容詞＋複数名詞〉の前で）
heureu*x*, *se*			français, *e*		
intéressant, *e*			japonais, *e*		
chemise			cheveu(x)		
large			difficile	形	→対になる形容詞
pays			question		
pauvre			pantalon		
personne			noir, *e*	形	→色を表す形容詞
important, *e*			robe		

対になる形容詞 49

difficile	難しい	⇔	facile	簡単な
long, lon*gue*	長い	⇔	court, *e*	短い
lég*er*, lég*ère*	軽い	⇔	lourd, *e*	重い

色（couleur）を表す形容詞 50

blanc, blan*che*	白い	noir, *e*	黒い
rouge	赤い	vert, *e*	緑の
jaune	黄色い	bleu, *e*	青い

Leçon 4

I ―er 動詞の直説法現在

51

不定詞の語尾が―er で終わる動詞は「―er 動詞」と呼ばれ，規則的な活用をします．フランス語の動詞の 90% 以上が，このグループに属します．

chanter（歌う） シャンテ

je chante	nous chant**ons**	ジュ シャントゥ	ヌ シャントン
tu chante**s**	vous chant**ez**	テュ シャントゥ	ヴ シャンテ
il chante	ils chant**ent**	イル シャントゥ	イル シャントゥ

aimer（愛する） エメ

j' aime	nous aim**ons**	ジェム	ヌゼモン
tu aime**s**	vous aim**ez**	テュ エム	ヴゼメ
il aime	ils aim**ent**	イレム	イルゼム

―er

je	―**e**	[―]	nous	―**ons**	[ɔ̃]
tu	―**es**	[―]	vous	―**ez**	[e]
il	―**e**	[―]	ils	―**ent**	[―]

◆活用語尾は共通です．

＊活用語尾としての―e，―es，―ent は発音しません．（これは―er 動詞だけではなく，すべての動詞にあてはまるルールです．）

＊動詞が母音で始まる場合，代名詞主語との間で，エリジヨン，リエゾン，アンシェヌマン（p. 9）が起こります．音の変化に気をつけましょう．

52

Vous *chantez* très bien ! ヴ シャンテ トゥレ ビアン	あなたは歌がとても上手いですね！	< chanter シャンテ
François ne *parle* pas anglais. フランスワ ヌ パルル パ アングレ	フランソワは英語が話せない.	< parler パルレ
Ils *regardent* la télé dans le salon. イル ルガルドゥ ラ テレ ダン ル サロン	彼らは応接間でテレビを見ています.	< regarder ルガルデ
Nous *habitons* loin de la ville. ヌ ザビトン ルワン ドゥ ラ ヴィル	私たちは街から遠くに住んでいます.	< habiter アビテ

☞主な ―er 動詞リスト p. 25

II　疑問形 … 3 通りの疑問形を作ることができます．　　53

1）イントネーションによる．

Vous aimez le vin ?　↗　　あなたはワインが好きですか？　　＜ aimer ③
ヴゼメ　ル ヴァン　　　　　　　　　　　　　　　　　　　　エメ

2）est-ce que（qu'）を文頭につける．

Est-ce que vous aimez le vin ?　　あなたはワインが好きですか？
エ　ス　ク　ヴゼメ　ル ヴァン

*Est-ce qu'*il n'aime pas le vin ?　　彼はワインが好きではないのですか？
エ　ス　キル　ネム　パ　ル ヴァン

3）倒置による．

(a)主語が代名詞の場合

Aimez-vous le vin ?　　あなたはワインが好きですか？
エメ　ヴ　ル ヴァン

Aime-t-il le vin ?　　彼はワインが好きですか？
エム　ティル ル ヴァン

＊ー er 動詞や avoir を用いた倒置疑問文では，主語が il / elle の場合に限り，倒置した動詞と代名詞の間に -t- を入れます．

A-*t*-elle une voiture ?　　彼女は車を持っていますか？　　＜ avoir ①
ア　テル　ユヌ ヴワテュール　　　　　　　　　　　　　　　アヴワール

(b)主語が名詞の場合

Nicolas aime-*t*-il le vin ?　　ニコラはワインが好きですか？
ニコラ　エム　ティル ル ヴァン

Les gâteaux sont-ils bons ?　　ケーキはおいしいですか？　　＜ être ②
レ　ガトー　ソン ティル　ボン　　　　　　　　　　　　　　　エートゥル

III　疑問文に対する答え　　54

Vous dansez ?　踊りますか？　— **Oui**, je danse.　—はい，踊ります．　＜ danser
ヴ　ダンセ　　　　　　　　　ウィ　ジュ　ダンス　　　　　　　　　　　　ダンセ

— **Non**, je ne danse pas.　—いいえ，踊りません．
ノン　ジュ ヌ　ダンス　パ

Vous ne dansez pas ?　踊らないんですか？　— **Si**, je danse.　—いいえ，踊ります．
ヴ　ヌ　ダンセ　パ　　　　　　　　　　　　スィ ジュ　ダンス

— **Non**, je ne danse pas.　—はい，踊りません．
ノン　ジュ ヌ　ダンス　パ

発音ルールの確認 ～ e の読み方　　55

e	[e/ɛ]	**re**staurant	[rɛstɔrɑ̃]	**é, è, ê**	[e/ɛ]	t**é**l**é**	[tele]
e	[–]	salad**e**	[salad]			fr**è**re	[frɛr]
		p**e**tit	[pti]			**ê**tre	[ɛtr]

Exercices 4

I　主語に合わせて活用させてみましょう.　56

1) marcher　je ________
　　　　　nous ________

2) aimer　j' ________
　　　　　vous ________

3) téléphoner　elle ________
　　　　　vous ________

4) regarder　tu ________
　　　　　elles ________

5) donner　tu ________
　　　　　ils ________

6) habiter　j' ________
　　　　　nous ________

II　次の文を，ⓐ est-ce que（qu'）を用いた疑問文　ⓑ倒置による疑問文　に書き改めましょう.　57

1) Vous écoutez la radio.　(a) ________
　(b) ________

2) Il téléphone à Marie.　(a) ________
　(b) ________

3) Elles marchent vite.　(a) ________
　(b) ________

4) Sophie habite à Paris.　(a) ________
　(b) ________

III　例にならって，答えを完成させましょう.　58

例）Vous regardez la télé ?　— Oui, je regarde la télé.

1) Tu téléphones à Nathalie ?　— Oui, ________
2) Habitez-vous près de Paris ?　— Oui, ________
3) François déjeune avec Nicolas ?　— Non, ________
4) Arrives-tu à midi ?　— Non, ________
5) Paul ne mange pas de couscous ?　— Si, ________
6) Vous ne parlez pas français ?　— Si, ________

Écoutons!　音声を聞いて，（　　　）内に適当な語を書き入れましょう.　59

1) Vous (　)(　　　　) pas le sport ?　— Si, (　)(　　　　) beaucoup le sport.

2) (　　　　)-(　　) à Nice ?　— Non, (　　)(　　　) à Marseille.

Vocabulaire

très			radio		
bien			vite		
François	m.	（固有）フランソワ（男性の名）	près		
anglais			avec		
télé			midi		
salon			couscous		
loin			français	m.	フランス語
ville			sport		
Nicolas	m.	（固有）ニコラ（男性の名）	beaucoup		
oui			Nice	—	（固有）ニース
non			Marseille	—	（固有）マルセイユ
si					

★ 主な—er 動詞

60

acheter* アシュテ	買う	déjeuner デジュネ	昼食をとる	marcher マルシェ	歩く
aimer エメ	愛する，好む	demander ドゥマンデ	尋ねる；頼む	parler パルレ	話す
arriver アリヴェ	到着する	donner ドネ	与える	pleurer プルレ	泣く
chanter シャンテ	歌う	écouter エクテ	聞く	regarder ルガルデ	見る
commencer* コマンセ	始める；始まる	habiter アビテ	住む	téléphoner テレフォネ	電話する
danser ダンセ	踊る	manger* マンジェ	食べる	travailler トゥラヴァイエ	働く；勉強する

＊部分的に変則活用する—er 動詞（巻末の動詞活用表参照）

基数・Ⅱ

61

11 onze オンズ	12 douze ドゥーズ	13 treize トゥレーズ	14 quatorze カトルズ	15 quinze カンズ
16 seize セーズ	17 dix-sept ディスセットゥ	18 dix-huit ディズュイットゥ	19 dix-neuf ディズヌフ	20 vingt ヴァン

Leçon 5

I 指示形容詞 …「この・その・あの」「これらの・それらの・あれらの」を表わします．

62

	s.	*pl.*
m.	**ce** ス	**ces** セ
f.	**cette** セットゥ	

ce garçon　この少年
ス　ギャルソン

ces garçons　これらの少年たち
セ　ギャルソン

cette fille　この少女
セットゥフィーユ

ces filles　これらの少女たち
セ　フィーユ

＊男性単数形の ce は，母音（または無音の h）の前で cet になります．

cet arbre　この木
セッタルブル

cet hôtel　このホテル
セットテル

＊「この」と「あの」を区別したい場合には，名詞の後に -ci, -là を付けます．

cette chemise-*ci* et cette chemise-*là*　このシャツとあのシャツ
セットゥ　シュミーズ　スィ　エ　セットゥ　シュミーズ　ラ

II 疑問形容詞 …「どんな」「どの」「〜は何」を表わします．

63

	s.	*pl.*
m.	**quel** ケル	**quels** ケル
f.	**quelle** ケル	**quelles** ケル

＊発音はすべて「ケル」です．

Quel âge avez-vous ?　— J'ai dix-huit ans.
ケラージュ　アヴェ　ヴー　ジェ　ディズュイッタン
あなたは何歳ですか？
— 18 歳です．

Quelles sont ces fleurs ?　— Ce sont des roses.
ケル　ソン　セ　フルール　ス　ソン　デ　ローズ
これらの花は何ですか？
—バラです．

À ***quelle*** heure arrive-t-elle ?　— Elle arrive à deux heures.
ア　ケルール　アリヴ　テル　エラリーヴ　ア　ドゥーズール
彼女は何時に到着しますか？
— 2 時に到着します．

III 所有形容詞

64

所有する人（もの）	m.s.	f.s.	pl.
わたしの	**mon** モン	**ma** (mon) マ モン	**mes** メ
君の	**ton** トン	**ta** (ton) タ トン	**tes** テ
彼の，彼女の，それの	**son** ソン	**sa** (son) サ ソン	**ses** セ
わたしたちの	**notre** ノートゥル		**nos** ノ
君たちの，あなた（たち）の	**votre** ヴォートゥル		**vos** ヴォ
彼らの，彼女らの，それらの	**leur** ルール		**leurs** ルール

（表見出し：所有されるもの）

＊「わたしの〜」etc. は，どんな名詞にかかるかによって，それぞれ3通り（複数形は2通り）の形があります．

mon père モン ペール わたしの父　***ma*** mère マ メール わたしの母　***mes*** parents メ パラン わたしの両親

＊「彼の〜」と「彼女の〜」は，常に同じ表現になります．この場合の son / sa / ses の使い分けも，どんな名詞（=「所有されるもの」）にかかるかによります．

son père ソン ペール 彼の／彼女の 父　***sa*** mère サ メール 彼の／彼女の 母　***ses*** parents セ パラン 彼の／彼女の 両親

la voiture de Paul ラ ヴワテュール ドゥ ポール （ポールの車） → ***sa*** voiture サ ヴワテュール （彼の車）

le chapeau de Léna ル シャポー ドゥ レナ （レナの帽子） → ***son*** chapeau ソン シャポー （彼女の帽子）

＊ma, ta, sa は，母音（または無音の h）で始まる語の前では，mon, ton, son になります．

ma école → ***mon*** école モンネコール （わたしの学校）

発音ルールの確認 〜鼻母音になるつづり字

65

am, an, em, en	[ɑ̃]	ch**an**ter	[ʃɑ̃te]	par**en**ts	[parɑ̃]
im, in	[ɛ̃]	**im**possible	[ɛ̃pɔsibl]	**in**téressant	[ɛ̃teresɑ̃]
om, on	[ɔ̃]	n**om**	[nɔ̃]	m**on**	[mɔ̃]

Exercices 5

I 下線部に適当な指示形容詞を書き入れましょう． 66

1) ______ jardin　2) ______ lettres　3) ______ pantalons
4) ______ saison　5) ______ jupe　6) ______ étudiant
7) ______ café　8) ______ appartement　9) ______ étudiante

II （　　）内に，適当な疑問形容詞を書き入れましょう． 67

1)（　　　　）saison aimez-vous ?　2)（　　　　）sont ces fleurs ?
3)（　　　　）sont ces fruits ?　4) À（　　　　）heure rentres-tu ?
5)（　　　　）est votre nom ?

III 指示された所有形容詞を書き入れましょう． 68

1) わたしの	________	passeport	________	voiture
2) 君の	________	robe	________	adresse
3) 彼の	________	smartphone	________	chemise
4) 彼女の	________	smartphone	________	livres
5) わたしたちの	________	classe	________	chiens
6) あなたたちの	________	parents	________	chambre
7) 彼らの	________	maison	________	père
8) 彼女らの	________	maison	________	parents

IV 例にならって，所有形容詞を使って答えましょう． 69

例） C'est votre stylo ?　— Oui, c'est *mon* stylo.

1) C'est votre maison ?　— Oui, ____________________
2) C'est la montre de François ?　— Oui, ____________________
3) C'est le chien de Nathalie ?　— Non, ____________________
4) Ce sont les photos de M. et Mme Martin ?　— Non, ____________________
____
5) Ce n'est pas ton ordinateur ?　— Si, ____________________

Écoutons! 音声を聞いて，（　　　）内に適当な語を書き入れましょう． 70

1)（　　　　）est（　　　　）adresse ?
2)（　　　　）étudiants（　　　　）bien français.

Vocabulaire

ce, cette, ces			jupe		
arbre			appartement		
hôtel			fruit		
quel, *le*			rentrer		
âge			nom		
an			passeport		
fleur			adresse		
rose			livre		
heure			chambre		
parents			stylo		
chapeau(x)			montre		
Léna	f.	（固有）レナ（女性の名）	photo		
jardin			M. ～	略	= Monsieur ～（～氏）
lettre			Mme ～	略	= Madame ～（～夫人）
saison			ordinateur		

71

季節（les saisons）

le printemps	春	au printemps	春に	l'été	夏	en été	夏に
l'automne	秋	en automne	秋に	l'hiver	冬	en hiver	冬に

Leçon 6

I aller, venir の直説法現在

aller（行く） アレ 72

je **vais**	nous **allons**	ジュ ヴェ	ヌザロン
tu **vas**	vous **allez**	テュ ヴァ	ヴザレ
il **va**	ils **vont**	イル ヴァ	イル ヴォン

Je *vais* à Bruxelles avec Mélanie. メラニーとブリュッセルに行きます.
ジュ ヴェ ア ブリュッセル アヴェック メラニ

Nous n'*allons* pas à l'université aujourd'hui. わたしたちは今日大学に行きません.
ヌ ナロン パ ア リュニヴェルスィテ オジュルデュイ

venir（来る） ヴニール 73

je **viens**	nous **venons**	ジュ ヴィアン	ヌ ヴノン
tu **viens**	vous **venez**	テュ ヴィアン	ヴ ヴネ
il **vient**	ils **viennent**	イル ヴィアン	イル ヴィエンヌ

Vous *venez* de Genève ? ジュネーヴから来ているのですか？
ヴ ヴネ ドゥ ジュネーヴ

Ils ne *viennent* pas ce soir. 今夜彼らは来ません.
イル ヌ ヴィエンヌ パ ス スワール

II 近い未来と近い過去 74

1）近い未来 … aller ＋不定詞 （～するところです，～するつもりです）

Je *vais téléphoner* à Pierre. ピエールに電話するところです.
ジュ ヴェ テレフォネ ア ピエール

＊《aller ＋不定詞》は，「～しに行く」を表わすこともできます.

Nous *allons chercher* Léna à la gare. わたしたちは駅にレナを迎えに行きます.
ヌザロン シェルシェ レナ ア ラ ガール

2）近い過去 … venir de ＋不定詞 （～したばかりです，～したところです）

Elle *vient de dîner*. 彼女は夕食をとったばかりです.
エル ヴィアン ドゥ ディネ

Nous *venons d'arriver* à l'école. わたしたちは学校に着いたところです.
ヌ ヴノン ダリヴェ ア レコール

III 前置詞（à, de）と定冠詞（le, les）の縮約 75

à や de は，直後に定冠詞の le か les が続くと，それと一体化した縮約形に変わります．

à le → **au** : Elle va ***au*** cinéma. (~~à le~~ cinéma) 彼女は映画に行きます．
オ エル ヴァ オ スィネマ

à les→ **aux** : Attention ***aux*** voitures. (~~à les~~ voitures) 車に気をつけて．
オ アタンスィオン オ ヴワテュール

de le → **du** : Tu viens ***du*** Canada ? (~~de le~~ Canada) カナダから来てるの？
デュ テュ ヴィアン デュ カナダ

de les→ **des** : Voilà les photos ***des*** enfants. (~~de les~~ enfants) そこに子供たちの写真があります．
デ ヴワラ レ フォト デザンファン

＊定冠詞 la は縮約しません．また，定冠詞がエリジヨンしている場合（l'）も，縮約しません．

à *la* carte　à *l'*hôtel　de *la* classe　de *l'*avion
ア ラ キャルトゥ　ア ロテル　ドゥ ラ クラス　ドゥ ラヴィオン

C'est une chanson à *la* mode.　これは流行している歌です．
セ テュヌ シャンソン ア ラ モードゥ

＊《２つの du》
i ）部分冠詞（男性形）
ii）de ＋ le の縮約

《２つの des》
i ）不定冠詞（複数形）
ii）de ＋ les の縮約

発音ルールの確認 〜子音字の組合せ 76

th	[t]	**th**éâtre	[teɑtr]
ch	[ʃ]	**ch**er**ch**er	[ʃɛrʃe]
ph	[f]	télé**ph**one	[telefɔn]
h	[-]	**h**ôtel	[ɔtɛl]

Exercices 6

I 例にならって，下線部に適当な語句を書き入れ，応答を完成させましょう． 77

例） Tu vas au café ? —Oui, je vais au café.

1） Allez-vous au cinéma ? —Oui, nous ____________________

2） Ce train va à Londres ? —Non, il ____________________

3） Tu ne vas pas à l'école ? —Si, je ____________________

4） Midori vient du Japon ? —Oui, elle ____________________

5） Vous venez en métro ? —Oui, nous ____________________

6） Tu reviens au village ? —Non, je ____________________

< revenir ㊼

II 各文を (a)近い未来 (b)近い過去 の文に書き改めましょう． 78

1） Je téléphone à Nathalie.

(a) ____________________

(b) ____________________

2） Elles arrivent à Montréal.

(a) ____________________

(b) ____________________

3） Nicolas ne rentre pas de l'école.

(a) ____________________

(b) ____________________

III 下線部にまちがいがあれば，正しい形に書き改めましょう． 79

1） J'aime le café à le lait. ____________

2） Elle arrive à l'hôtel avant midi. ____________

3） Nous allons à les Champs-Élysées. ____________

4） Voilà la carte de les vins. ____________

5） Il joue de la guitare. （< jouer） ____________

Écoutons! 音声を聞いて，（ ）内に適当な語を書き入れましょう． 80

1） Je （ ）（ ） à Mélanie.

2） Léna est à la maison ? —Oui, elle （ ）（ ） rentrer.

Vocabulaire

aller			avion		
Bruxelles	—	（固有）ブリュッセル	chanson		
Mélanie	f.	（固有）メラニー（女性の名）	mode		
université			train		
aujourd'hui			Japon	m.	（固有）日本
venir			Londres	—	（固有）ロンドン
Genève		（固有）ジュネーヴ	métro		
soir			revenir		
chercher			village		
dîner	動		Montréal	—	（固有）モントリオール
cinéma			avant		
attention			Champs-Élysées	m.	（固有）（複数形で）シャンゼリゼ大通り
Canada	m.	（固有）カナダ	jouer		
carte			guitare		

81

方角・方向

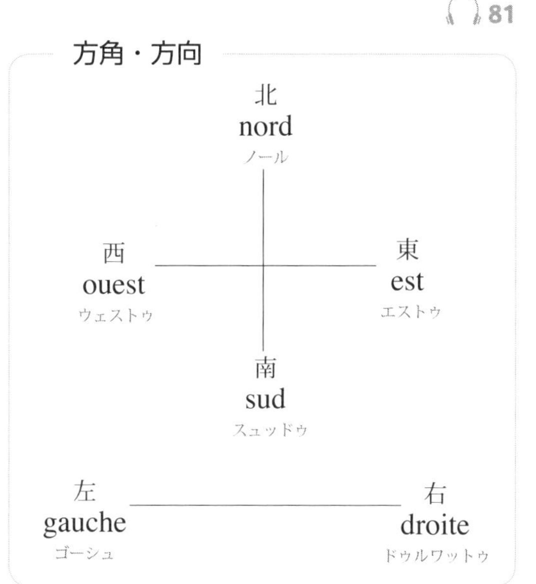

82

よく使う前置詞

à ～ ：（場所）～に，～へ；（時間）～へ
de ～ ：～の（of）；～から（from）
avec ～ ：～と一緒に
chez ～ ：～の家で，家に
dans ～ ：（場所）～の中に；（時間）～後に
en ～ ：（場所・時間）～に；（手段）～で
pour ～ ：～のために；～にとって
sur ～ ：～の上で，上に
sans ～ ：～なしで

Leçon 7

I finir と partir の直説法現在 … この２つの動詞は，活用語尾は共通です．ただし，語幹の作り方に違いがあります．

83

★共通活用語尾

—— **s**	—— **ons**	—	オン
—— **s**	—— **ez**	—	エ
—— **t**	—— **ent**	—	—

(a) finir … choisir（選ぶ），réussir（成功する），obéir（従う）なども，finir 型活用です．

finir（終わる，終える）　フィニール

je finis	nous finiss**ons**	ジュ フィニ	ヌ フィニッソン
tu finis	vous finiss**ez**	テュ フィニ	ヴ フィニッセ
il fini**t**	ils finiss**ent**	イル フィニ	イル フィニッス

単数の語幹：fini-　（原形から語尾の — r を取る．）
複数の語幹：finiss-　（単数の語幹の後に — ss — を付け足す．）

obéir（従う）　オベイール

j' obéis	nous obéiss**ons**	ジョベイ	ヌゾベイッソン
tu obéis	vous obéiss**ez**	テュ オベイ	ヴゾベイッセ
il obéi**t**	ils obéiss**ent**	イロベイ	イルゾベイッス

＊動詞が母音で始まっている場合，代名詞主語との間でエリジオン，リエゾン，アンシェヌマンが起こります．

Tu *finis* ton travail ?　仕事を終えるの？
テュ フィニ トン トゥラヴァーユ

Ils n'*obéissent* pas à leurs parents.　彼らは両親に従わない．
イル ノベイッス パ ア ルール パラン

(b) partir … sortir（出る），dormir（眠る）なども partir 型活用です．　84

partir（出発する）　パルティール

je pars	nous part**ons**	ジュ パール	ヌ パルトン
tu pars	vous part**ez**	テュ パール	ヴ パルテ
il par**t**	ils part**ent**	イル パール	イル パルトゥ

単数の語幹：par-　（複数の語幹から末尾の１文字を取る．）
複数の語幹：part-　（原形から語尾の — ir を取る．）

Tu *pars* demain ?　明日出発するの？
テュ パール ドゥマン

Ils *sortent* toujours en voiture.　彼らはいつも車で出かける．
イル ソルトゥ トゥージュールアンヴワテュール

II 疑問代名詞 …「誰が」「誰を」や「何が」「何を」などを尋ねる表現です.

85

	主語（～が）	直接目的語（～を）	属詞（…は～）	前置詞とともに
誰	**qui** キ **qui est-ce qui** キ エ ス キ	**qui**（＋倒置） キ **qui est-ce que** キ エ ス ク	**qui**（＋倒置） キ	前＋ **qui** キ
何	**qu'est-ce qui** ケ ス キ	**que**（＋倒置） ク **qu'est-ce que** ケ ス ク	**que**（＋倒置） ク **qu'est-ce que** ケ ス ク	前＋ **quoi** クワ

主語

Qui chante ? = ***Qui est-ce qui*** chante ? 誰が歌っているのですか？
キ シャントゥ キ エ ス キ シャントゥ

Qu'est-ce qui ne va pas ? 何がうまくいかないのですか？
ケ ス キ ヌ ヴァ パ

直接目的語

Qui cherchez-vous ? = ***Qui est-ce que*** vous cherchez ? 誰を探しているのですか？
キ シェルシェ ヴ キ エ ス ク ヴ シェルシェ

Que regardes-tu ? = ***Qu'est-ce que*** tu regardes ? 何を見てるの？
ク ルガルドゥ テュ ケ ス ク テュ ルガルドゥ

属詞

Qui est-ce ? これは誰ですか？
キ エ ス

Qu'est-ce que c'est ? これは何ですか？
ケ ス ク セ

前置詞＋

Avec ***qui*** danse-t-elle ? 彼女は誰と踊りますか？
アヴェックキ ダンス テル

De ***quoi*** parles-tu ? 何について話してるの？
ドゥ クワ パルル テュ

III 疑問副詞 … 疑問副詞は文頭に置き，その後は疑問文の語順にします.

86

いつ	どこへ	どのように	どれくらい，いくら	なぜ
quand カン	**où** ウー	**comment** コマン	**combien** コンビアン	**pourquoi** プルクワ

Quand finissez-vous vos devoirs ? いつ宿題を終えますか？
カン フィニッセ ヴ ヴォ ドゥヴワール

Où allez-vous ? どこへ行くのですか？
ウ アレ ヴ

Comment viens-tu à l'université ? 大学にはどうやって来るの？
コマン ヴィアン テュ ア リュニヴェルスィテ

Combien de kilomètres y a-t-il ? 何キロメートルありますか？
コンビアン ドゥ キロメットゥル イ ア ティル

Pourquoi portes-tu ton manteau ? どうしてコートを着てるの？
プルクワ ポルトゥ テュ トン マントー

— Parce que j'ai un peu de fièvre. —少し熱があるから.
パルス ク ジェ アン プー ドゥフィエーヴル

Exercices 7

I 例にならって，各動詞の２通りの語幹を書き，主語に合わせて活用形も書いてみましょう. 87

例） finir →（単数形）fini- /（複数形）finiss- : je finis nous finissons
1）choisir → ______ / ______ : je ______ nous ______
2）réussir → ______ / ______ : il ______ vous ______
3）sortir → ______ / ______ : tu ______ vous ______
4）dormir → ______ / ______ : il ______ nous ______

II 各文の主語を指示にしたがって変え，全文を書き改めましょう. 88

1）Sophie finit le dîner. (ils) ______
2）Vous obéissez à vos parents. (je) ______
3）Paul réussit à l'examen. (nous) ______
4）Il dort bien. (elles) ______
5）Vous sortez avec Pierre. (je) ______

III 下線部に適当な疑問代名詞を書き入れましょう. 89

1）（誰が） : ______ téléphone à Léna ?
2）（何が） : ______ arrive ?
3）（誰を） : ______ vous aimez ?
4）（誰を） : ______ cherches-tu ?
5）（何を） : ______ choisissez-vous ?
6）（何を） : ______ vous regardez ?
7）（誰と） : Avec ______ sort-elle ?
8）（何について） : À ______ pensez-vous ?

IV 並べ変えて，文を完成させましょう.（すべて疑問文です.） 90

1）pour, part, Paris, elle, quand

______

2）vous, robe, pourquoi, choisissez, cette

______

3）vas, cet, où, tu, après-midi

______

Écoutons! 音声を聞いて，（ ）内に適当な語を書き入れましょう. 91

1）（ ）（ ）à mes parents.
2）（ ）（ ）-（ ）qu'il choisit alors?
3）（ ）（ ）-vous pour la Martinique ?

Vocabulaire

finir			pourquoi		
choisir			devoirs		
réussir			kilomètre		
obéir			porter		
travail			manteau		
partir			parce que		
sortir			peu		
dormir			fièvre		
demain			examen		
toujours			penser		
quand			après-midi		
où	疑副		alors		
comment			Martinique	f.	(固有) マルティニック
combien					

92

Leçon 8

I　voir, dire, entendre の直説法現在

93

voir ヴワール（見る・見える）			**dire** ディール（言う）			**entendre** アンタンドゥル（聞く・聞こえる）		
je	vois	ジュ　ヴワ	je	dis	ジュ　ディ	j'	entends	ジャンタン
tu	vois	テュ　ヴワ	tu	dis	テュ　ディ	tu	entends	テュ　アンタン
il	voi**t**	イル　ヴワ	il	di**t**	イル　ディ	il	entend	イランタン
nous	voy**ons**	ヌ　ヴワイオン	nous	dis**ons**	ヌ　ディゾン	nous	entend**ons**	ヌザンタンドン
vous	voy**ez**	ヴ　ヴワイエ	vous	dites	ヴ　ディットゥ	vous	entend**ez**	ヴザンタンデ
ils	voi**ent**	イル　ヴワ	ils	dis**ent**	イル　ディーズ	ils	entend**ent**	イルザンタンドゥ

Voyez-vous ce toit jaune ?　あの黄色い屋根が見えますか？
ヴワイエ　ヴ　ス トゥワ ジョーヌ

Qu'est-ce qu'elle *dit* ?　彼女は何と言っていますか？
ケ　ス　ケル　ディ

On *entend* les cris d'un bébé.　赤ちゃんの泣き声が聞こえる.
オンナンタン　レ　クリ　ダン　ベベ

＊voir／dire／entendre は，英語の see／say／hear に相当します.
＊vous dites は例外的な活用形です.
＊attendre（待つ）は，entendre と同じ型の活用です．j'attends, ...

II　形容詞・副詞の比較級

94

Julie est **plus** / **aussi** / **moins** grande **que** Michel.（形容詞）

- ジュリーは，ミシェルより背が高い.
- ジュリーは，ミシェルと同じくらい背が高い.
- ジュリーは，ミシェルより背が低い.

Sophie parle **plus** / **aussi** / **moins** vite **que** son mari.（副詞）

- ソフィーは，彼女の夫より早く話す.
- ソフィーは，彼女の夫と同じくらい早く話す.
- ソフィーは，彼女の夫よりゆっくり話す.

＊比較級の場合でも，形容詞はかかる名詞と性・数一致して，形が変わります.
＊副詞は変化せず，常に同じ形です.

III　形容詞・副詞の最上級

(a) 形容詞の最上級 … 定冠詞 (le, la, les) と組み合せて表現します.

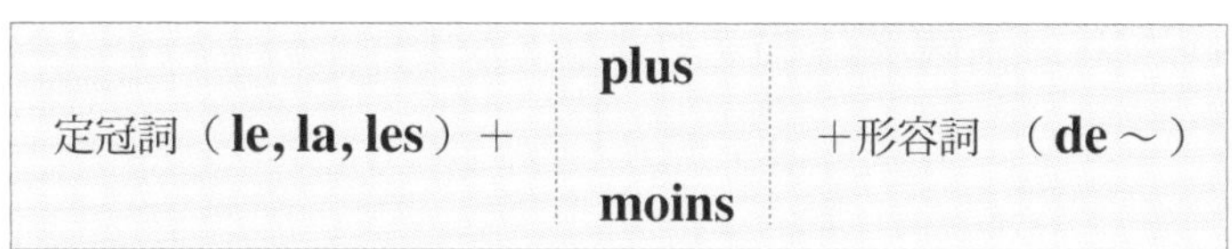

	plus	
定冠詞（**le, la, les**）＋		＋形容詞　（**de**～）
	moins	

Aïcha est *la plus* grande *de* la famille.　アイシャは家族で一番背が高い.

Ce sont les étudiants *les plus* intelligents *de* la classe.　彼らはクラスで一番かしこい学生たちだ.

Le mont Blanc est la plus haute montagne d'Europe.　モンブランはヨーロッパで一番高い山だ.

＊どの定冠詞を使うかは，形容詞の形に合わせて決めます.
形容詞が：男性単数形→ le　　男・女複数形→ les
女性単数形→ la
＊「～の中で」は〈de ～〉と表現されます．ただし，付かない場合もあります.

(b) 副詞の最上級 … 定冠詞は常に le を用います.

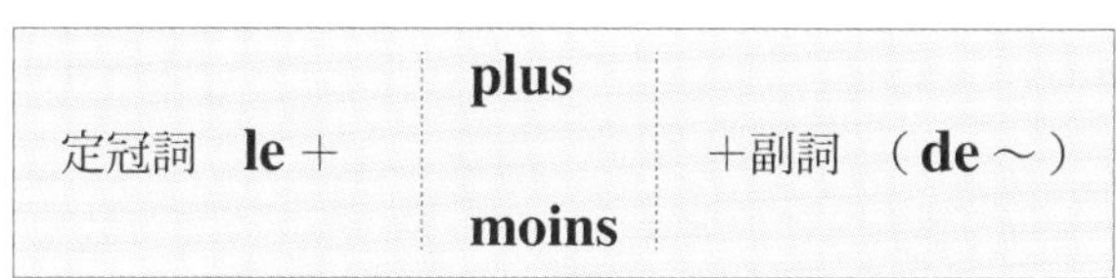

	plus	
定冠詞　**le**＋		＋副詞　（**de**～）
	moins	

Mélanie rentre *le plus* tard *de* la famille.　メラニーは家族で一番遅く帰宅します.

IV　特殊な比較級・最上級 … 形容詞 bon と副詞 bien の比較級・最上級は，特殊な形です.

96

		比較級	最上級
よい，すぐれた；おいしい	: bon	meilleur	le　meilleur
	bonne	meilleure	la　meilleure
	bons	meilleurs	les meilleurs
	bonnes	meilleures	les meilleures
よく；うまく	: bien	mieux	le　mieux

En maths, Léna est *meilleure* que son frère.　レナは兄（弟）より数学がよくできる.

C'est *le meilleur* sportif japonais.　彼は最高の日本人スポーツマンだ.

Elle chante *le mieux* des trois sœurs.　彼女は三姉妹の中で一番歌がうまい.（うまく歌う）

Driss est mon *meilleur* ami.　ドリスはわたしの最良の友人だ.

＊定冠詞の代わりに，所有形容詞を付けても，最上級になります.

Exercices 8

I 次の動詞を適当な形にし，下線部に書き入れましょう． 97

1) voir : Qu'est-ce que tu ______________ ?
2) dire : Ce professeur ______________ "bonjour" à tous les élèves.
3) entendre : ________________ -vous les oiseaux ?
4) attendre : Vous ________________ quelqu'un ?
—Oui, j' ______________ Pierre.

II 次の日本語にふさわしいフランス語になるよう，下線部に適当な語を入れましょう． 98

1) ドリスはフランソワより陽気だ．: Driss est ______________ joyeux ______________ François.
2) ドリスはフランソワよりやせている．: Driss est ______________ gros ______________ François.
3) マリーはソフィーと同じくらい頭がいい．: Marie est ______________ intelligente ______________ Sophie.
4) ジュリーはレナより英語がよくできる．: Julie est __________________ __________ Léna en anglais.
5) アイシャはミシェルより歌がうまい．: Aïcha chante ______________ ______________ Michel.

III 例にならって，最上級の文を作りましょう． 99

例) Paul est grand. (la classe) → Paul est *le plus* grand de *la classe*.

1) Nicolas est gentil. (la classe)
→ ________________________________

2) Mélanie est jeune. (la famille)
→ ________________________________

3) Elle court vite. (l'école) < courir ⑬
→ ________________________________

4) Nathalie chante bien. (mes amis)
→ ________________________________

IV 和訳しましょう． 101

1) C'est un des meilleurs films de Luc Besson.

____

Écoutons! 音声を聞いて，(　　) 内に適当な語を書き入れましょう． 102

1) (　　　　　)-(　　　　　) cette fille blonde ?
2) Je (　　　　　) (　　　　　) jeune (　　　　　) Julie.
3) Sophie est (　　　　　) (　　　　　) élève de la classe.

Vocabulaire

voir			Europe		
dire			tard		
entendre			meilleur, *e*		
toit			mieux		
jaune			math		
on	代	人々；誰か；わたしたち	sportif, *ve*		
cri			Driss	m.	（固有）ドリス（男性の名）
bébé			bonjour		
attendre			tout, *e*	形	
Julie	f.	（固有）ジュリー（女性の名）	élève		
Michel	m.	（固有）ミシェル（男性の名）	oiseau(x)		
mari			quelqu'un		
Aïcha	f.	（固有）アイシャ（女性の名）	joyeux, *se*		
famille			gros, *se*		
intelligent, *e*			gentil, *le*		
mont Blanc	m.	（固有）モンブラン	courir		
haut, *e*			Luc Besson	—	（固有）リュック・ベッソン（映画監督）
montagne					

Leçon 9

I faire, prendre の直説法現在

103

faire（する；作る）	フェール	prendre（とる；乗る；食べる，飲む；買う）	プランドゥル
je fais	ジュ フェ	je prends	ジュ プラン
tu fais	テュ フェ	tu prends	テュ プラン
il fait	イル フェ	il prend	イル プラン
nous fais**ons**	ヌ フゾン	nous pren**ons**	ヌ プルノン
vous faites	ヴ フェットゥ	vous pren**ez**	ヴ プルネ
ils font	イル フォン	ils prenn**ent**	イル プレンヌ

Vous *faites* du sport ? —Oui, je *fais* du tennis. スポーツをしますか？ —はい，テニスをします．

Marie *fait* des gâteaux avec sa mère. マリーは母親とケーキを作る．

Tu *prends* le métro ? メトロに乗るの？

Elles ne *prennent* jamais de vin. 彼女らは決してワインを飲まない．

＊faire は英語の do / make に，prendre は take にあたります．
＊nous faisons［nu fəzɔ̃］の発音は特殊です．
＊apprendre（学ぶ），comprendre（理解する）の活用は，prendre の活用に準じます．

II 命令形 … 3つの形があります．それぞれの人称の活用形をそのまま使うことができます．

104

		chanter	finir	prendre	
tu	に対して	chante	finis	prends	～しろ；しなさい
nous	に対して	chantons	finissons	prenons	～しましょう
vous	に対して	chantez	finissez	prenez	～してください（「あなた（たち）」に）/ ～しろ；しなさい（「君たち」に）

＊—er 動詞と aller の tu に対する命令形だけは，活用形の語尾の — s を取ります．
tu chantes → *chante*　　tu vas → *va*

Fermez la fenêtre, s'il vous plaît. 窓を閉めてください．

Tourne à gauche. 左に曲がって．

Ne *pleure* pas, mon petit. 泣かないで，坊や．

Parlons d'autre chose. ほかのことを話そう．

▲ être と avoir の命令形は例外です.

être	sois	スワ	avoir	aie	エ
	soyons	スワイオン		ayons	エイオン
	soyez	スワイエ		ayez	エイエ

Soyez sages ! いい子にしなさい！　　*Ayons* du courage. 勇気を持とう.

III 非人称構文 … 非人称主語 il を用いる表現. この il は訳しません.　105

(a) 天候

Il fait beau (mauvais, chaud, froid).	天気が良い（悪い, 暑い, 寒い）.	< faire ㉑
Il pleut.	雨が降っています.	< pleuvoir ㉞
Il neige.	雪が降っています.	< neiger

(b) 時刻

Il est	une	heure.	1:00
	deux	heures dix.	2:10
	trois	heures et quart.	3:15
	quatre	heures et demie.	4:30
	cinq	heures moins le quart.	4:45
	midi.		12:00
	minuit.		0:00

(c) その他

Il faut du temps pour réaliser ce projet.　この計画を実現するには時間が必要だ.　< falloir ㉒

Il faut attendre trois minutes.　３分間待たなくてはならない.

Il est intéressant d'apprendre des langues étrangères.　外国語を学ぶのは興味深い.

Il n'est pas nécessaire de mettre un costume.　スーツを着る必要はない.　< mettre ㉖

＊il faut～ の使い方は２通り.　(1) il faut（＋冠詞）＋ 名詞 :「～が必要だ」
(2) il faut ＋ 不定詞　「～しなければならない」

＊il est 形容詞 de 不定詞 :「…するのは～だ」(de はエリジオンすると d' になります.)

Exercices 9

I 指示にしたがって主語を変え，全文を書き改めましょう． 106

1) Je fais des courses. (il) → ______
(nous) → ______

2) Vous ne faites pas la cuisine. (tu) → ______
(ils) → ______

3) Tu prends un taxi. (elle) → ______
(vous) → ______

4) Sophie ne prend pas de légumes. (je) → ______
(elles) → ______

II 次の動詞の (a) tu (b) nous (c) vous に対する命令形を書きましょう． 107

1) regarder (a) ______
(b) ______
(c) ______

2) obéir (a) ______
(b) ______
(c) ______

3) partir (a) ______
(b) ______
(c) ______

4) faire (a) ______
(b) ______
(c) ______

III 例にならって，非人称主語 il を用いて答えましょう． 108

例) Quel temps fait-il ? (beau) Il fait beau.

1) Quel temps fait-il ? (chaud) ______
2) Quelle heure est-il ? (7:10) ______
3) Quelle heure est-il ? (8:30) ______
4) Qu'est-ce qu'il faut faire ? (prendre le bus) ______

IV 和訳しましょう． 109

1) Finissons ce travail avant midi.

______

2) Il n'est pas difficile d'écrire un mail en français.

______

Écoutons! 音声を聞いて，（ ）内に適当な語を書き入れましょう． 110

1) Vous ( ) un taxi ? — Non, je ( ) le métro.
2) ( ) ( ) intéressant ( ) faire du ski.
3) ( ) ( ) ( ) le train.

Vocabulaire

faire			minuit		
prendre			falloir		
apprendre			temps		
comprendre			réaliser		
tennis			projet		
jamais			minute		
fermer			langue		
fenêtre			étrang*er*, *ère*		
s'il vous plaît		どうぞ，お願いします.	nécessaire		
tourner			mettre		
autre chose			costume		
sage			courses		
beau			cuisine		
chaud			taxi		
froid			légume		
pleuvoir			bus		
neiger			écrire		
quart			mail		
demi, *e*			ski		

Leçon 10

I 目的語になる人称代名詞・強勢形

111

	直接目的	間接目的	強勢形
je	**me** (m')		**moi**
tu	**te** (t')		**toi**
il	**le** (l')	**lui**	**lui**
elle	**la** (l')		**elle**
nous	**nous**		**nous**
vous	**vous**		**vous**
ils	**les**	**leur**	**eux**
elles			**elles**

＊目的語は，通常動詞の後に置かれます．ただし，目的語が代名詞の場合に限り，動詞の前に置かれます．このルールは，直接目的語の場合も，間接目的語の場合も同様です．

112

Je cherche *Léna*. → Je ***la*** cherche. わたしはレナをさがす．→わたしは彼女をさがす．

Elles aiment *cette chanson*. → Elles ***l'***aiment. 彼女らはこの歌を愛する．→彼女らはそれを愛する．

Il ne regarde pas *la télé*. → Il ne ***la*** regarde pas. 彼はテレビを見ない．→彼はそれを見ない．

Je téléphone *à mes parents*. → Je ***leur*** téléphone. わたしは両親に電話する．→わたしは彼らに電話する．

Tu achètes *ces chaussures* ? — Oui, je ***les*** achète. この靴を買うの？ —はい，買います．

Vous connaissez *cette actrice* ? — Non, je ne ***la*** connais pas. この女優を知っていますか？ —いいえ，知りません．
＜ connaître ⑫ (p.49)

Elle parle *à son bébé* ? — Oui, elle ***lui*** parle souvent. 彼女は赤ちゃんに話しかけますか？ —はい，しょっちゅう．

Vous aime-t-il ? — Non, il ne ***m'***aime pas. 彼はあなたを愛しているの？ —いいえ，愛していません．

＊肯定命令の場合に限り，目的語代名詞は動詞の後ろに置き，- で結びます．またこの場合，me → moi，te → toi になります．

Regarde *cette peinture*. → Regarde-***la***. その絵を見て．→それを見て． cf. Ne ***la*** regarde pas.

Téléphonez-***moi*** ce soir. 今晩わたしに電話してください． cf. Ne ***me*** téléphonez pas.

☞目的語代名詞が 2 つある場合の語順 p. 99

☆強勢形の用法

1）主語や目的語の強調：Je t'aime, ***toi***.　君を愛しているんだ，君を.

2）前置詞の後で：Tu danses avec ***lui*** ?　彼と踊る？

：Répétez après ***moi***.　わたしのあとに繰り返してください.

3）c'est の後で：C'est ***toi***, Nathalie ?　君なのかい，ナタリー？

113

◆動詞と目的語

動詞は，2つのグループに分けて考えることができます.

◆動詞

―〈働きかける対象〉を持つ．＝aimer(愛する), avoir(持つ), téléphoner(電話する)...

J'*aime* Marie.　わたしはマリーを愛する.　（〈働きかける対象〉＝マリー）
Je *téléphone* à Marie.　わたしはマリーに電話する.（〈働きかける対象〉＝マリー）

―〈働きかける対象〉を持たない．＝dormir（眠る), nager（泳ぐ), marcher（歩く)...

Il *dort* bien.　彼はよく眠っている.

この「働きかける対象」が，一般に「目的語」と言われるものです．（J'aime Marie. では，「働きかける対象」＝「マリー」なので，「マリー」が「目的語」です．）
そして目的語もまた，2つのグループに分けて考えることができます.

◆目的語

―動詞に「直接」つながる．（直接目的語）

J'aime *Marie*.　わたしはマリーを愛する.
Il a *deux chiens*.　彼は２匹の犬を飼っている

―前置詞 à などを介して，動詞と「間接」的につながる．（間接目的語）

Je téléphone *à Marie*.　わたしはマリーに電話する.

間接目的語は，一般に《 à＋人 》という形になります．そしてこうした「直接目的語」や「間接目的語」を代名詞に置き換える場合に用いられるのが，「目的語・人称代名詞」です.

J'aime *Marie*.　→　Je ***l'***aime.　わたしは彼女を愛する.
Je téléphone *à Marie*.　→　Je ***lui*** téléphone.　わたしは彼女に電話する.

Exercices 10

I 下線部を書き換えるのにふさわしい代名詞を，（　　）内に書き入れましょう． 114

1）Je cherche Sophie. → Je（　　　　　　）cherche.

2）Il lit ce roman. → Il（　　　　　　）lit. < lire ㉔

3）Nous n'attendons pas nos amis. → Nous ne（　　　　　　）attendons pas.

4）Ils ne prennent pas le métro. → Ils ne（　　　　　　）prennent pas.

5）Tu expliques ton projet à Paul ? → Tu（　　　　　　）expliques ton projet ?

6）Je ne téléphone pas à mes frères. → Je ne（　　　　　　）téléphone pas.

7）Montrez ces photos à Marie. → Montrez-（　　　　　　）à Marie.

8）Ne parle pas à Michel. → Ne（　　　　　　）parle pas.

II 代名詞を用いて答えてみましょう． 115

1）Tu m'aimes ? Oui, ______________________
Non, ______________________

2）Il téléphone à Julie ? Oui, ______________________
Non, ______________________

3）Elles regardent la télé ? Oui, ______________________
Non, ______________________

4）Vous m'entendez ? Oui, ______________________
Non, ______________________

5）Elle obéit à ses parents ? Oui, ______________________
Non, ______________________

III 下線部を書き換えるのにふさわしい強勢形人称代名詞を，（　　）内に書き入れましょう． 116

1）Tu vas chez ton frère ? Tu vas chez（　　　　　　）?

2）C'est Nathalie. C'est（　　　　　　）.

3）Je sors avec mes amis ce soir. Je sors avec（　　　　　　）ce soir.

Écoutons! 音声を聞いて，（　　）内に適当な語を書き入れましょう． 117

1）Vous prenez ce train ? — Non, je ne（　　　　）（　　　　）pas.

2）Vous aimez Aïcha ? — Oui, je（　　　　）（　　　　）beaucoup.

3）Tu sors avec François ? — Oui, je（　　　　）avec（　　　　）ce soir.

Vocabulaire

me			elles		
te			chaussures		
le			*acteur, trice*		
la			souvent		
lui			peinture		
nous			répéter		
vous			après		
les			nager		
leur			lire		
moi			roman		
toi			expliquer		
elle			montrer		
eux					

118

connaître

（人・場所・ニュースなどを）知っている

je connais	nous connaissons
tu connais	vous connaissez
il connaît	ils connaissent

＜総合問題 BILAN ①＞　L.1-10　全 50 問

I　日本語の文に対応するように、選択肢から動詞を選び、適当な形に活用させて書き入れてください。（複数回使うものもあります。）　119

être　avoir　aller　venir　及びさまざまな —er 動詞

＊ヒントとして、最初の 1 文字が示されている個所もあります

1）Ce train (　　　　　) à Londres ?　この電車はロンドン行きですか？
2）J'(　　　　　) dix-huit ans.　わたしは 18 歳です。
3）Vous (é　　　　　) la radio ?　あなたはラジオを聞きますか？
4）J'(h　　　　　) à Marseille.　わたしはマルセイユに住んでいます。
5）(T　　　　　)-moi ce soir.　今夜わたしに電話してください。
6）Il ne (r　　　　　) pas la télé.　彼はテレビを見ない。
7）(　　　　　) du courage.　勇気を持とう。
8）Ce (　　　　　) des roses.　これらはバラです。
9）(A　　　　　)-tu à midi ?　正午に着く？
10）Paul ne (m　　　　　) pas de couscous ?　ポールはクスクス食べないの？
11）Vous (　　　　　) français ?　あなたはフランス人ですか？
12）(P　　　　　) d'autre chose.　ほかのことを話そう。
13）Driss (　　　　　) mon meilleur ami.　ドリスはわたしの最良の友人だ。
14）Il y (　　　　　) du vin rouge.　赤ワインがあります。
15）(T　　　　　) à gauche.　左に曲がって。
16）Qui (c　　　　　)-vous ?　誰を探しているのですか？
17）Midori (　　　　　) du Japon ?　ミドリは日本出身なの？

II　日本語の文に対応するように、選択肢から動詞を選び、適当な形に活用させて書き入れてください。（複数回使うものもあります。） 120

faire　prendre　attendre　sortir　entendre　voir
dire　choisir　finir　partir　obéir　connaître

1）	Tu (　　　　　　　　) le métro ?	メトロに乗るの？
2）	Je (　　　　　　　　) avec lui ce soir.	今夜、彼とデートに出かけます。
3）	Il faut (　　　　　　　　) trois minutes.	３分間待たなくてはならない。
4）	Sophie (　　　　　　　　) le dîner.	ソフィは食事を終える。
5）	Qu'est-ce que tu (　　　　　　　　) ?	何が見えるの？
6）	Je (　　　　　　　　) du tennis.	わたしはテニスをします。
7）	Qu'est-ce qu'il (　　　　　　　　) alors ?	じゃあ彼は何を選ぶの？
8）	Vous m'(　　　　　　　　) ?	聞こえますか？
9）	Ils n'(　　　　　　　　) pas à leurs parents.	彼らは両親に従わない。
10）	Il (　　　　　　　　) froid.	（天気が）寒いです。
11）	Quand (　　　　　　　　)-elle pour Paris ?	彼女はいつパリへ出発するんですか？
12）	Vous (　　　　　　　　) cette actrice ?	この女優を知っていますか？
13）	Ils (　　　　　　　　) toujours en voiture.	彼らはいつもクルマで出かける。
14）	(　　　　　　　　)-vous cette fille blonde ?	あの金髪の少女が見えますか？
15）	Elle (　　　　　　　　) "bonjour" à tous les élèves.	彼女は生徒全員に「おはよう」と言う。
16）	Vous ne (　　　　　　　　) pas la cuisine ?	料理はしないんですか？
17）	Elles ne (　　　　　　　　) jamais de vin.	彼女らは決してワインを飲まない。
18）	Vous (　　　　　　　　) quelqu'un ?	誰かを待ってるんですか？
19）	On (　　　　　　　　) les cris d'un bébé.	赤ちゃんの泣き声が聞こえる。
20）	Quand (　　　　　　　　)-vous vos devoirs ?	いつ宿題を終えますか？

III　日本語の文に対応するように、選択肢から前置詞を選び、書き入れてください。（複数回使うものもあります。）

121

à　de　pour　avant　dans　après　chez　avec

1）Tu vas (　　　　　) ton frère ?　兄弟の家に行くの？

2）Elle obéit (　　　　　) ses parents ?　彼女は両親に従いますか？

3）Répétez (　　　　　) moi.　わたしのあとに繰り返してください。

4）Il est intéressant (　　　　　) faire du ski.　スキーをするのは楽しい。

5）C'est un cadeau (　　　　　) Marie.　これはマリーへのプレゼントです。

6）Ils sont (　　　　　) Paris.　彼らはパリにいます。

7）Il déjeune (　　　　　) Nicolas ?　彼はニコラとランチしますか？

8）Finissons ce travail (　　　　　) midi.　この仕事をお昼前に終えよう。

9）(　　　　　) quoi parles-tu ?　何について話してるの？

10）Monsieur Martin n'est pas (　　　　　) le bureau.　マルタンさんは事務所にいません。

IV　与えられた単語を並べかえ、さらに足りない 1 語を付け加えて、日本語の文に対応するフランス語の文を完成させてください。（ただし、文頭に来る語も小文字で書かれています。また、必要な場合は、エリジオンを行ってください。） 122

1）あなたは歌がとてもうまいですね！

chantez　très　vous

2）マリーは母親とケーキを作る。

mère　fait　des　avec　Marie　gâteaux

3）わたしは彼女が大好きです。

beaucoup　aime　je

Leçon 11

I 過去分詞 … 動詞はすべて，過去分詞形をもっています．過去分詞は，複合過去や，受動態（17 課）を作るときに用いられます． 123

原形の語尾		過去分詞の語尾	例	例 外
— er	→	— é	: chant**er** → chant**é**	なし
— ir	→	— i	: fin**ir** → fin**i**	venir → **venu**，mourir → **mort**

＊原形の語尾が— re や— oir で終わっている動詞の場合，大部分の過去分詞は，— u で終わります．

voir → v**u**　　entendre → entend**u**

その他：être → **été**　　avoir → **eu**［y］
dire → **dit**　　faire → **fait**　　prendre → **pris**

II 直説法複合過去 … 複合活用（助動詞を用いた活用）する過去形．形は； 124

助動詞（avoir, être）の現在形＋過去分詞

ただし，助動詞 2 種類のどちらを用いるかは，動詞ごとに決まっています．

(a)：avoir ＋過去分詞 … 助動詞に avoir を使う形．大部分の動詞はこの形になります．

chanter :

j'ai		chanté	nous	avons	chanté
tu	as	chanté	vous	avez	chanté
il	a	chanté	ils	ont	chanté
elle	a	chanté	elles	ont	chanté

＊助動詞 avoir と動詞 avoir（2 課）の活用は同じです．

(b)：être ＋過去分詞 … 助動詞に être を使う形．この場合，過去分詞の性・数は主語に一致させます．

aller :

je	suis	allé(e)	nous	sommes	allé(e)s
tu	es	allé(e)	vous	êtes	allé(e)(s)
il	est‿	allé	ils	sont‿	allés
elle	est‿	allée	elles	sont‿	allées

＊助動詞 être と動詞 être（2 課）の活用は同じです．
＊過去分詞が母音で始まる場合，3 人称の活用では，助動詞と過去分詞の間でリエゾンさせます．

◆助動詞に être を用いる動詞 … 場所の移動，状態の変化を表わす自動詞

aller	(allé)	行く	partir	(parti)	出発する	entrer	(entré)	入る
venir	(venu)	来る	arriver	(arrivé)	到着する	sortir	(sorti)	出る
naître	(né)	生まれる	rester	(resté)	とどまる			
mourir	(mort)	死ぬ						

◆否定形 … 助動詞だけを ne（n'）～ pas で挟みます． 125

je	**n'***ai*	**pas** *chanté*		nous	**n'***avons*	**pas** *chanté*
tu	**n'***as*	**pas** *chanté*		vous	**n'***avez*	**pas** *chanté*
il	**n'***a*	**pas** *chanté*		ils	**n'***ont*	**pas** *chanté*
je	**ne** *suis*	**pas** *allé(e)*		nous	**ne** *sommes*	**pas** *allé(e)s*
tu	**n'***es*	**pas** *allé(e)*		vous	**n'***êtes*	**pas** *allé(e)(s)*
il	**n'***est*	**pas** *allé*		ils	**ne** *sont*	**pas** *allés*
elle	**n'***est*	**pas** *allée*		elles	**ne** *sont*	**pas** *allées*

◆倒置形 … 主語と助動詞を倒置し，間に - を入れます．

as-tu	*chanté*	*es*-tu	*allé(e)*
a-t-il	*chanté*	*est*-il	*allé*
avez-vous	*chanté*	*êtes*-vous	*allé(e)(s)*
ont-ils	*chanté*	*sont*-ils	*allés*

複合過去の用法 … 過去の行為・出来事，またその結果としての現在の状態を表わします．

J'*ai téléphoné* à Manon hier. 昨日，マノンに電話しました．

Tu *as dansé* avec Malik ? — Oui, j'*ai dansé* avec lui. マリックと踊った？ 一うん，踊ったよ．

Sophie n'*est* pas encore *arrivée*. ソフィーはまだ到着していません．

Avez-vous déjà *visité* la tour Eiffel ? エッフェル塔を訪れたことはありますか？（経験）

◆参考：目的語代名詞を伴う複合過去

複合過去の場合，目的語代名詞は助動詞の前に置かれます．

Vous avez vu *ce film* ? —Oui, je *l'*ai vu.（l' = le） この映画を観ましたか？ —はい，（それを）見ました．

☞過去分詞の一致 p. 101

Exercices 11

I　次の動詞の過去分詞形を書きましょう.　126

1) acheter ______	2) voir ______	3) arriver ______
4) finir ______	5) entendre ______	6) naître ______
7) sortir ______	8) dire ______	9) mourir ______
10) aller ______	11) prendre ______	12) avoir ______
13) faire ______	14) venir ______	15) être ______

II　次の動詞を，主語に合わせて複合過去形（肯定形／否定形）にしましょう.　127

1) aimer → j' ______ / ______
2) finir → nous ______ / ______
3) aller → elle ______ / ______
4) prendre → vous ______ / ______
5) avoir → ils ______ / ______
6) sortir → elles ______ / ______

III　次の文を，複合過去の文に書き改めましょう.　128

1) Je danse avec Manon. ______
2) Tu ne finis pas ton travail. ______
3) Elle va au cinéma. ______
4) Elles ne viennent pas ici. ______
5) Nous prenons le métro. ______
6) Vous ne dites pas la vérité. ______
7) Arrivent-ils à la gare ? ______
8) Voyez-vous Michel ? ______

IV　和訳しましょう.　129

1) Napoléon Bonaparte est né en Corse en 1769 et il est mort à Sainte-Hélène en 1821.

______

______

Écoutons !　音声を聞いて，（　　）内に適当な語を書き入れましょう.　130

1) (　　　)-vous (　　　) un taxi ? — Non. Nous (　　　) (　　　) le métro.
2) Julie, qu'est-ce que tu (　　　) (　　　) hier ?
— Je (　　　) (　　　) à Shibuya et j'(　　　) (　　　) une jupe.

Vocabulaire

entrer			la tour Eiffel	f.	（固有）エッフェル塔
naître			ici		
mourir			vérité		
rester			Napoléon Bonaparte	—	（固有）ナポレオン・ボナパルト
Manon	f.	（固有）マノン（女性の名）	Corse	f.	（固有）コルシカ島
hier			Sainte-Hélène	—	（固有）セント・ヘレナ島
Malik	m.	（固有）マリック（男性の名）	trop		
déjà			assez		
visiter					

131

複合過去と副詞

J'ai	**trop**	mangé.	食べ過ぎました .
Tu as	**déjà**	vu ce film ?	この映画はもう観た？
Il a	**assez**	dormi.	彼は十分眠った .
Elle a	**bien**	travaillé.	彼女はよく勉強した .
Nous avons	**toujours**	aimé ça.	わたしたちは，ずっとそれが好きだった .

Leçon 12

I 関係代名詞 … 4種類の関係代名詞があります．それぞれ，「関係節の中でどんな役割を果たすのか」に注目しましょう．

132

1） **qui** … 関係節の中で，主語の役割を果たします．先行詞は「人」「もの」どちらも可能です．

La fille ***qui*** danse avec Driss est ma sœur. ドリスと踊っている少女は，わたしの姉（妹）です．

Nous prenons l'express ***qui*** part à huit heures juste. 8時ちょうど発の急行に乗ります．

2） **que** … 関係節の中で，直接目的語の役割を果たします．先行詞は「人」「もの」どちらも可能です．

Les garçons ***que*** tu cherches ne sont pas là. 君がさがしている少年たちは，ここにはいません．

C'est le CD ***qu'***elle a acheté au Mali. これは彼女がマリで買ったCDです．

＊ que はエリジオンすると qu' となります．

3） **dont** … 関係節の中で，《de ＋先行詞》の役割を果たします．先行詞は「人」「もの」どちらも可能です．

Je connais une dame ***dont*** le mari est écrivain.
(→ le mari *de cette dame* est écrivain) 夫が作家である婦人を知っています．

Où est la boutique ***dont*** tu as parlé ?
(→ tu as parlé *de la boutique*) 君が話してくれた店はどこにあるの？

4） **où** … 関係節の中で，「場所」や「時」を表わします（関係副詞）．先行詞は「もの」です．

C'est le restaurant ***où*** j'ai dîné avec Manon hier. これは昨日わたしがマノンと夕食をとったレストランです．

Je n'oublie pas le jour ***où*** j'ai rencontré Léna pour la première fois. 初めてレナと会った日のことは忘れません．

II 強調構文 … もとの文の，「主語」や「目的語」などを強調する形です．何を強調するかによって，2 通りの形があります． 133

i ）（もとの文の）主語を強調する場合　: **C'est** **主語** **qui** ～ .

ii ）（もとの文の）主語以外の部分を強調する場合　: **C'est** **主語以外** **que** ～ .

→ Paul (1) a téléphoné à Sophie (2) hier soir (3).　ポールは昨晩ソフィーに電話した．

1 を強調： **C'est** *Paul* **qui** a téléphoné à Sophie hier soir.　昨晩ソフィーに電話したのはポールだ．

2 を強調： **C'est** *à Sophie* **que** Paul a téléphoné hier soir.　昨晩ポールが電話したのはソフィーにだ．

3 を強調： **C'est** *hier soir* **que** Paul a téléphoné à Sophie.　ポールがソフィーに電話したのは昨晩だ．

＊c'est の後で強調されるのが人称代名詞の場合は，強勢形（→ 10 課）が使われます．

C'est ***lui*** qui a téléphoné à Sophie hier soir.　昨晩ソフィーに電話したのは彼だ．

＊que はエリジオンして qu' となることがあります．

C'est peut-être pendant le repas *qu'*il a reçu cette nouvelle.　彼がその知らせを受け取ったのは，おそらく食事中のことだ．

< recevoir ㊳

Exercices 12

I 各文の関係節を〈　　〉でくくりましょう．また，（　　）内に適当な関係代名詞を入れ，文を完成させましょう． 134

1）La chanteuse（　　　　　）tu adores est américaine ?

2）Regarde le bébé（　　　　　）dort dans le lit.

3）J'ai vu le film（　　　　　）vous m'avez parlé.

4）La maison（　　　　　）Marie est née est très grande.

5）Aïcha porte le chemisier（　　　　　）elle a acheté la semaine dernière.

6）C'est l'histoire（　　　　　）la fin est triste.

II 和訳しましょう． 135

1）Montrez-moi la robe qui est en vitrine, s'il vous plaît.

2）Malik a deux filles dont il est fier.

III 下線部を強調する文を作りましょう． 136

1）Elle a attendu François à la gare.

2）Mélanie m'invite à dîner.

3）Vous êtes venu à Paris pour la première fois ?

4）J'ai téléphoné à Julie tout à l'heure.

IV 和訳しましょう． 137

1）C'est avec lui que nous sommes allés au concert hier.

Écoutons! 音声を聞いて，（　　）内に適当な語を書き入れましょう． 138

1）Nous prenons l'avion（　　　　　）（　　　　　）à onze heures.

2）（　　）（　　　　　）à Manon（　　　　　）Nicolas a téléphoné.

Vocabulaire

qui			recevoir		
express			nouvelle	f.	
juste			chanteur, *se*		
que			adorer		
là			américain, *e*		
CD			lit		
Mali	m.	（固有）マリ（国名）	chemisier		
dont			semaine		
dame			derni*er*, *ère*		
écrivain			histoire		
où	関代		fin		
oublier			triste		
jour			vitrine		
rencontrer			fi*er*, *ère*		
pour la première fois			inviter		
peut-être			tout à l'heure		
pendant			concert		
repas					

Leçon 13

I 代名動詞 … 再帰代名詞（主語と同じ人・ものを指す代名詞）をともなう動詞. 139

se coucher（寝る）

je	me	couche	nous	nous	couchons
tu	te	couches	vous	vous	couchez
il	se	couche	ils	se	couchent
elle	se	couche	elles	se	couchent

否定形　　：je *ne* me couche *pas*...
倒置疑問形：te couches-tu...
命令形　　：couche-toi, couchons-nous, couchez-vous
　ne te couche pas, ne nous couchons pas, ne vous couchez pas

＊再帰代名詞は，動詞の前に置きます.
＊再帰代名詞のうち，1 人称（me, nous）と 2 人称（te, vous）は，目的語人称代名詞（10 課）と同じ形です．3 人称と原形では，se という特別な形を使います.

用法

1）再帰的用法 …「(自分を）～する」「(自分に）～する」 140

Elle *se couche* tard la nuit.　彼女は夜遅く寝る.（←自分を寝かせる）　< se coucher

Vous *vous réveillez* à sept heures ?　7 時に起きるのですか？　< se réveiller

2）相互的用法 …「(互いに）～する」主語は必ず複数.

Paul et Marie *se téléphonent* souvent.　ポールとマリーはしょっちゅう電話をし合う.　< se téléphoner

Ils *s'aiment* beaucoup.　彼らはとても愛し合っている.　< s'aimer

＊se téléphoner の場合，再帰代名詞は間接目的語です.

3）受動的用法 …「～される」主語は必ず「もの」.

Le français *se parle* à Tahiti.　タヒチではフランス語が話されている.　< se parler

Ce modèle de voiture se vend bien.　この型の車はよく売れる.　< se vendre ㊴

4）本質的用法 … 代名動詞としてだけ使われる動詞.

Tu *te souviens* de ton enfance ?　子供時代のことを覚えてる？　< se souvenir ㊼ (de ～)

☞代名動詞の複合過去　p. 102

II 指示代名詞 … どういう名詞を受けるかによって形が変わるものと，形の変化のないものがあります.

141

1）性・数一致するもの … 受ける名詞によって，形が 4 通りに変化します.

	s.	*pl.*
m.	**celui**	**ceux**
f.	**celle**	**celles**

ma voiture et ***celle*** de Mélanie　わたしの車とメラニーの車
vos amis et ***ceux*** de Sophie　あなたの友人たちとソフィーの友人たち

2）形の変化のないもの

i）ce … 単数・複数，男性名詞・女性名詞，どれも受けることができます.
c'est ～, ce sont ～ という形で使われます.（cf. 2 課）

C'est Nicolas.　こちらはニコラです.
Ce sont les livres de Manon.　これらはマノンの本です.

ii）ceci（これ）, cela（あれ）… 単数名詞を受けます.

Je préfère ***ceci*** à ***cela***.　あれよりこれのほうが好きです.

＊cela は（ceci との対比なしに）単独でも使われます．その場合,「これ」「それ」「あれ」どの意味にもなります.

＊cela の会話的表現は ça です.

Fais comme ***ça***.　こんな風にして.
Ça coûte combien ?　それはいくらですか？

月

142

1 月	janvier	2 月	février	3 月	mars	4 月	avril
5 月	mai	6 月	juin	7 月	juillet	8 月	août
9 月	septembre	10 月	octobre	11 月	novembre	12 月	décembre

Exercices 13

I　各文中に使われている代名動詞に下線を引きましょう．また，その動詞の原形を，（　　）内に書き入れましょう．　143

1）Tu te couches tard.　（　　　　　　　　）

2）Je ne me souviens pas de cette histoire.　（　　　　　　　　）

3）Vous vous lavez les mains ?　（　　　　　　　　）

4）Elles se voient une fois par semaine.　（　　　　　　　　）

5）Il s'assoit sur un banc du parc.　（　　　　　　　　）

s'assoit < s'assoir ⑧

II　例にならって，各問いに答えましょう．　144

例 : Vous vous couchez tôt ?　— Oui, je me couche tôt.

1）Tu te réveilles tôt ?　— Oui, ________________

2）Vous vous lavez les mains ?　— Oui, nous ________________

3）Ils se téléphonent souvent ?

— Non, ________________

4）Vous vous intéressez à la politique ?

— Non, je ________________

145

III　下線部を書き換えるのにふさわしい指示代名詞を，（　　）内に書き入れましょう．

1）Ma montre est plus chère que *la montre* de Michel.　（　　　　）

2）Voilà les chaussures de Sophie et *les chaussures* de François.　（　　　　）

3）Ce n'est pas mon vélo, c'est *le vélo* de Julie.　（　　　　）

4）Ces livres, ce sont *les livres* qu'elle cherche.　（　　　　）

IV　和訳しましょう．

1）Comment vous appelez-vous ?　— Je m'appelle Nathalie Martin.　146

____

2）Tu ne t'intéresses pas à l'écologie? —Non, pas vraiment.

____

Écoutons!　音声を聞いて，（　　）内に適当な語を書き入れましょう．　147

1）Vous（　　　　）（　　　　　　）de votre enfance ?

2）Le français（　　　　）（　　　　　　）à Tahiti.

Vocabulaire

se coucher	代動		se laver	代動	
nuit			main		
se réveiller	代動		se voir	代動	
se téléphoner	代動		fois		
s'aimer	代動		par		
se parler	代動		s'asseoir	代動	
Tahiti	—	（固有）タヒチ（島）	banc		
modèle			parc		
se vendre	代動		tôt		
se souvenir	代動		s'intéresser	代動	
enfance			politique		
préférer			vélo		
ceci / cela			s'appeler	代動	
comme			écologie		
ça			vraiment		
coûter					

148

préférer		**s'appeler**	
je préfère	nous préférons	je m'appelle	nous nous appelons
tu préfères	vous préférez	tu t'appelles	vous vous appelez
il préfère	ils préfèrent	il s'appelle	ils s'appellent

Leçon 14

I pouvoir, vouloir, devoir の直説法現在 …《～＋不定詞》の形で使う動詞.

pouvoir（～できる） 149

je peu**x**	nous pouv**ons**
tu peu**x**	vous pouv**ez**
il peu**t**	ils peuv**ent**

Tu *peux* venir ce soir ? —Avec plaisir. 今夜来られる？ 一喜んで.

Je *peux* ouvrir la fenêtre ? 窓を開けてもいいですか？ < ouvrir ㉙

Elle ne *peut* pas répondre à cette question. 彼女はその質問には答えられない.

vouloir（～したい・欲しい） 150

je veu**x**	nous voul**ons**
tu veu**x**	vous voul**ez**
il veu**t**	ils veul**ent**

Elle *veut* avoir un chien depuis longtemps. 彼女はずっと前から犬を飼いたがっている.

Ils *veulent* descendre dans la rue. 彼らはデモのために街頭にくり出したがっている.

Je sais qu'il *veut* sortir avec moi. 彼がわたしとデートしたがっているのは知っています.

< savoir ㊷

＊vouloir には，後に名詞を続ける用法もあります.

Voulez-vous quelque chose à boire ? なにか飲みものはいかがですか？
—Non, je ne *veux* rien. —いいえ，なにも欲しくありません.

devoir（～ねばならない） 151

je doi**s**	nous dev**ons**
tu doi**s**	vous dev**ez**
il doi**t**	ils doiv**ent**

Chacun *doit* respecter les droits de l'homme. 各人が人権を尊重しなくてはならない.

Vous ne *devez* pas entrer sans frapper. ノックせずに入ってはいけません.

II　直説法単純未来 … 単純活用（＝それ自体の形が変化する活用）する未来形です． 152

chanter

je chante**rai**	nous chante**rons**
tu chante**ras**	vous chante**rez**
il chante**ra**	ils chante**ront**

finir

je fini**rai**	nous fini**rons**
tu fini**ras**	vous fini**rez**
il fini**ra**	ils fini**ront**

＊活用語尾は，すべての動詞に共通です．

je	── **rai**	nous	── **rons**
tu	── **ras**	vous	── **rez**
il	── **ra**	ils	── **ront**

◆語幹の作り方 … 不定詞の語尾の形から，4 通りに分類できます． 153

── er　→ je の現在形が，そのまま語幹に．　chanter：je chante → je **chante**rai
── ir　→ 不定詞から語尾の ─ r を取る．　finir　：fini~~r~~　→ je **fini**rai
── re　→ 不定詞から語尾の ─ re を取る．　prendre：prend~~re~~ → je **prend**rai
── oir　→ 不規則　pouvoir → je **pour**rai...　vouloir → je **voud**rai...
　　　　　　　　　devoir → je **dev**rai...　voir → je **ver**rai...

△例外的な語幹を持つ動詞
être → je **se**rai...　avoir → j'**au**rai...
aller → j'**i**rai...　venir → je **viend**rai...　faire → je **fe**rai...

用法 … 未来の行為・状態や，出来事を表わします．また，2 人称（tu, vous）に対する，軽い命令を表わすこともあります．

Marie *arrivera* demain matin.　マリーは明日の朝到着するだろう．

J'*aurai* vingt ans l'année prochaine.　来年二十歳になります．

Il *deviendra* footballeur professionnel.　彼はプロのサッカー選手になるだろう．
< devenir ㊼

Tu n'*oublieras* pas ton sac.　バッグを忘れないようにね．

曜日　154

月 lundi	火 mardi	水 mercredi	木 jeudi	金 vendredi
土 samedi	日 dimanche			

Exercices 14

I　次の動詞を適当な形に変え，______に書き入れましょう．　155

1) pouvoir : Tu ________________ revenir bientôt ?
2) pouvoir : Elles ne ________________ pas sortir ce soir ?
3) vouloir : Tu ________________ monter chez moi ?
4) vouloir : Vous ne ________________ pas danser ?
5) devoir : Nous ________________ changer de train.
6) devoir : Tu ne ________________ pas parler comme ça.

II　各動詞の単純未来形を書き入れましょう．　156

1) parler → je ________________　2) pouvoir → ils ________________
3) choisir → elle ________________　4) faire → il ________________
5) partir → tu ________________　6) aller → j' ________________
7) dire → nous ________________　8) être → vous ________________
9) prendre → vous ________________　10) avoir → j' ________________

III　各文の動詞を単純未来形に変え，全文を書き改めましょう．　157

1) Tu me téléphones ? ________________________________
2) Il finit ses devoirs. ________________________________
3) Nous prenons le métro. ________________________________
4) Il fait très beau. ________________________________
5) Nicolas a dix ans. ________________________________
6) Je ne suis pas chez moi. ________________________________

IV　和訳しましょう．　158

1) Qu'est-ce que tu feras samedi prochain ?　—J'irai faire des courses avec ma femme.

____

____

Écoutons!　音声を聞いて，（　　）内に適当な語を書き入れましょう．　159

1) Je te (　　　　　　　　　　) demain soir.
2) (　　　　　) (　　　　　) à Tokyo la semaine prochaine.

Vocabulaire

pouvoir			droit		
avec plaisir			homme		
ouvrir			sans		
répondre			frapper		
vouloir			matin		
depuis longtemps			année		
descendre			prochain, *e*		
rue			devenir		
savoir			footballeur, *se*		
que	接	〜ということ	professionnel, *le*		
quelque chose			sac		
boire			bientôt		
rien			monter		
devoir			changer		
chacun			femme		
respecter					

2つの「〜できる」 pouvoir と savoir

160

savoir は《savoir ＋動詞》という形で，「〜できる」という意味を表わすこともあります．

Je ***sais*** faire la cuisine.　　ぼくは料理ができる（能力）．

Je ne ***peux*** pas faire la cuisine ce soir.　　今夜は料理ができないんだ（外的事情による）．

Leçon 15

I 中性代名詞 … 名詞の代わりをするだけでなく，形容詞や前置詞句などの代わりもする特殊な代名詞．le, en, y の 3 語です． 161

★中性代名詞（le, en, y）の位置
(a) 動詞が現在・単純未来の場合 → 動詞 の前
(b) 動詞が複合過去の場合 → 助動詞の前

1） **le** …3 通りの用法があります．

(a) 〈形容詞〉の代わりをする．

Elles sont riches ? —Oui, elles ***le*** sont.（= elles sont *riches*）

彼女らはお金持ちですか？
—はい，そうです．

(b) 〈不定詞〉の代わりをする．

Je peux entrer ? —Oui, vous ***le*** pouvez.（= vous pouvez *entrer*）

入っていいですか？
—どうぞ，お入りください．

(c) 〈節・文〉の代わりをする．

Tu sais qu'elle est mariée ? 彼女が結婚してること知ってる？

—Non, je ne ***le*** sais pas.（= je ne sais pas *qu'elle est mariée*）

—いや，そのことは知らない．

2） **en** …2 通りの用法があります． 162

(a) 〈**de** +〜〉の代わりをする．（〈de +〜〉は，以下の（i），（ii）の場合があります．）

（i）〈de +場所〉（「（場所）から」）

Vous venez de Lyon ? —Oui, j'***en*** viens.（= je viens *de Lyon*）

リヨンから来ているのですか？
—はい，そこから来ています．

（ii）〈de +もの〉

Elle a parlé de ce film ? —Oui, elle ***en*** a parlé.（= elle a parlé *de ce film*）

彼女はこの映画について話しましたか？
—はい，それについて話しました．

Tu as besoin de mon aide ? —Oui, j'***en*** ai besoin.（= j'ai besoin *de ton aide*）

わたしの助けが必要なの？
—はい，それが必要です．

(b) 〈不特定の名詞〉の代わりをする．ただし，名詞は必ず直接目的語です．(〈不特定の名詞〉は，以下の (i)，(ii)，(iii) の場合があります．)

(i)〈不定冠詞 des ＋名詞〉

Vous avez des cigarettes ?　— Oui, j'***en*** ai.（= j'ai *des cigarettes*）

煙草ありますか？
—はい，あります．

(ii)〈部分冠詞（du, de la）＋名詞〉

Vous voulez du café ?　— Oui, j'***en*** veux bien.（= je veux bien *du café*）

コーヒー欲しいですか？
—はい，欲しいです．

Tu as mangé de la salade ?　— Oui, j'***en*** ai mangé.（= j'ai mangé *de la salade*）

サラダ食べた？
—はい，食べました．

＊「否定の de」（3 課）の付いた名詞も，en で受けることができます．

Tu as mangé de la salade ?　— Non, je n'***en*** ai pas mangé.
（= je n'ai pas mangé *de salade*）

サラダ食べた？
—いいえ，食べていません．

(iii)〈数量表現のついた名詞〉

Combien de frères avez-vous ?　— J'***en*** ai deux.（= j'ai deux *frères*）

兄弟は何人ですか？　—二人です．

3) **y** … 2 通りの用法があります．　163

(a) 〈場所を表わす表現〉の代わりをする．英語の there にあたります．(「そこで」「そこに」「そこへ」……)

Elle habite en France ?　— Oui, elle ***y*** habite.（= elle habite *en France*）

彼女はフランスに住んでいるのですか？
—はい，彼女はそこに住んでいます．

Tu es allé au Sénégal ?　— Non, je n'***y*** suis pas allé.（= je ne suis pas allé *au Sénégal*）

セネガルに行った？
—いや，そこには行かなかった．

(b) 〈**à** ＋もの〉の代わりをする．

Yvonne pense au mariage ?　— Oui, elle ***y*** pense.（= elle pense *au mariage*）

イヴォンヌは結婚のことを考えていますか？
—はい，そのことを考えています．

Exercices 15

I 下線部の代わりをする適当な代名詞を，（　　）内に書き入れましょう．　164

1) Elle va à l'université en train. → Elle（　　　　　）va en train.
2) Paul ne vient pas de Marseille. → Paul n'（　　　　　）vient pas.
3) Nous sommes fatigués. → Nous（　　　　　）sommes.
4) J'achète des roses. → J'（　　　　　）achète.
5) Ils ne veulent pas sortir. → Ils ne（　　　　　）veulent pas.
6) Vous êtes content de ce résultat ? → Vous（　　　　　）êtes content ?
7) Tu penses à ton projet ? → Tu（　　　　　）penses ?

II 中性代名詞を使って答えましょう．　165

1) Il est fier de sa voiture ? Oui, ________________
2) Habitez-vous au Québec ? Oui, nous ________________
3) Je peux essayer ? Oui, vous ________________
4) Sont-elles japonaises ? Non, ________________
5) Tu as pris du thé ? Oui, ________________
6) Elle a pensé à son projet ? Non, ________________

III 和訳しましょう．　166

1) Ce film est très intéressant. Tout le monde en parle.

____

____

2) Aïcha partira pour Paris au mois de novembre. Tu ne le sais pas ?

____

____

Écoutons ! 音声を聞いて，（　　）内に適当な語を書き入れましょう．　167

1) Voulez-vous encore du vin ? — Non, je（　　　）（　　　　　）veux plus.
2) Tu vas à l'école en train ? — Non, j'（　　　）（　　　　　）en bus.

Vocabulaire

riche			fatigué, *e*		
marié, *e*			content		
Lyon	—	（固有）リヨン	résultat		
besoin			fils		
aide			Québec	m.	（固有）ケベック
cigarette			essayer		
France	f.	（固有）フランス	thé		
Sénégal	m.	（固有）セネガル	monde		
Yvonne	f.	（固有）イヴォンヌ（女性名）	mois		
mariage			(ne ～) plus		

まとめ ～ 中性代名詞は〈○○○〉に代わる

le ： (a)〈形容詞〉 (b)〈不定詞〉 (c)〈節・文〉

en ：
(a)〈de +～〉 ＝ (i)〈de ＋ 場所〉 / (ii)〈de ＋ もの〉
(b)〈不特定の名詞〉 ＝ (i)〈不定冠詞 des ＋ 名詞〉 / (ii)〈部分冠詞（du, de la）＋ 名詞〉 / (iii)〈数量表現のついた名詞〉

y ： (a)〈場所を表わす表現〉 (b)〈à ＋もの〉

Leçon 16

I 直説法半過去

168

chanter

je chant**ais**	nous chant**ions**
tu chant**ais**	vous chant**iez**
il chant**ait**	ils chant**aient**

finir

je finiss**ais**	nous finiss**ions**
tu finiss**ais**	vous finiss**iez**
il finiss**ait**	ils finiss**aient**

＊活用語尾は，すべての動詞に共通です．

je	—— **ais**	nous	—— **ions**
tu	—— **ais**	vous	—— **iez**
il	—— **ait**	ils	—— **aient**

◆語幹の作り方 … 現在形・1人称複数（nous —— ons）の語幹と同じです． 169

chanter：nous **chant**ons → je **chant**ais
finir：nous **finiss**ons → je **finiss**ais
avoir：nous **av**ons → j'**av**ais
prendre：nous **pren**ons → je **pren**ais

＊例外的な語幹になるのは être のみ． **j'ét**ais, tu **ét**ais...

用 法

(a) 過去の，継続していた動作・状態を表わします．

Quand je suis rentré, ma femme *préparait* le dîner. わたしが帰宅したとき，妻は夕食の準備をしていた．

En ce temps-là, Julie *travaillait* pour une maison d'édition. その頃，ジュリーは出版社で働いていた．

(b) 過去の習慣を表わします．

Dans mon enfance, j'*allais* à l'église tous les dimanches. 子供の頃，毎週日曜日に教会へ行ったものだ．

II 受動態 … être ＋他動詞の過去分詞 （＋ par ～）（ ～によって）

170

＊過去分詞は，主語の性・数に一致します.

François invite Sophie. →Sophie *est invitée* par François.
フランソワはソフィーを招待する. ソフィーはフランソワに招待される.

François a invité Sophie. →Sophie *a été invitée* par François.
フランソワはソフィーを招待した. ソフィーはフランソワに招待された.

＊感情・状態などを表わす動詞の場合，par ～の代わりに de ～が使われることがあります.

Tout le monde aime Léna. →Léna est aimée *de* tout le monde.
みんながレナを愛している. レナはみんなに愛されている.

Exercices 16

I　主語に合わせて，各動詞の半過去形を書き入れましょう．　171

1）regarder　→ je ＿＿＿＿＿＿
2）vouloir　→ elle ＿＿＿＿＿＿
3）marcher　→ nous ＿＿＿＿＿＿
4）faire　→ ils ＿＿＿＿＿＿
5）finir　→ il ＿＿＿＿＿＿
6）avoir　→ tu ＿＿＿＿＿＿
7）prendre　→ vous ＿＿＿＿＿＿
8）être　→ j' ＿＿＿＿＿＿

II　各文の動詞を半過去形にし，全文を書き改めましょう．　172

1）Luc habite aux États-Unis. ＿＿＿＿＿＿
2）Tu as dix-huit ans. ＿＿＿＿＿＿
3）Elle obéit à ses parents. ＿＿＿＿＿＿
4）Nous allons à l'école à pied. ＿＿＿＿＿＿
5）Ils font du foot. ＿＿＿＿＿＿
6）Je ne veux plus manger. ＿＿＿＿＿＿
7）Où êtes-vous ? ＿＿＿＿＿＿
8）Il y a beaucoup de gens ici. ＿＿＿＿＿＿

III　次の動詞を指示された形に変え，（　　）内に書き入れましょう．　173

1）Quand elle（　　　　　　）dans le salon, Paul（　　　　　　）la télé.
entrer・複合過去形　　regarder・半過去形

2）Michel（　　　　　　）le train, quand son smartphone（　　　　　　）.
attendre・半過去形　　sonner・複合過去形

3）À cette époque, nous（　　　　　　）à Paris.
habiter・半過去形

IV　各文を，受動態の文に書き改めましょう．　174

1）Un jeune Français réalise ce film.

＿＿＿＿＿＿

2）Driss invite Nathalie à dîner.

＿＿＿＿＿＿

3）Tous les élèves respectent Madame Martin.

＿＿＿＿＿＿

4）Yvonne a fait ces gâteaux.

＿＿＿＿＿＿

Vocabulaire

quand	接		foot		
préparer			beaucoup de ～		
édition			gens		
église			sonner		
États-Unis	m.pl.	(固有) アメリカ合衆国	époque		
pied			Français, *e*		

Écoutons! 音声を聞いて，（　）内に適当な語を書き入れましょう． 175

1) (　　　) (　　　) encore au lit, quand il (　　　)
(　　　) chez moi.

2) Léna (　　　) (　　　) (　　　) tout le monde.

Leçon 17

I　現在分詞 … 主に書き言葉で使われます．名詞や代名詞を修飾し，形容詞的に働きます．

176

(a) 形 … 語尾：　— ant［ɑ̃］　（例外なし）

語幹：現在形・1人称複数（nous　—— ons）の語幹と同じです．

chanter : nous **chant**ons　→ **chant**ant
finir　: nous **finiss**ons　→ **finiss**ant

＊être と avoir は，例外的な語幹になります．

être　→　**ét**ant　　　avoir　→　**ay**ant

(b) 用法 … 2通りに分けて考えることができます．

1）形容詞用法 … 現在分詞は，名詞の後ろに置かれます．

Toutes les filles *dansant* sur la scène portent le même foulard.

舞台で踊っているすべての少女たちが，同じスカーフをしている．

2）分詞構文 … 現在分詞が，〈,〉によって主節から切り離されている場合の用法です．理由（「～ので」）や同時性（「～しながら」）を表わします．

Ayant faim, nous avons cherché un restaurant.

お腹が空いたので，わたしたちはレストランを探した．

II ジェロンディフ … 主に話し言葉で使われます．主節の動詞を修飾し，副詞的に働きます．

177

(a) 形 … en ＋現在分詞

(b) 用法 … 3 通りに分けて考えることができます．

1)「～しながら」「～する（した）時」（同時性・時）

Ne parle pas *en mangeant*. 食べながら話すな．

J'ai rencontré Julie *en sortant* du café. カフェから出てきた時，ジュリーに会った．

cf. ≫ J'ai rencontré Julie *sortant* du café. カフェから出てきたジュリーに会った．

＊ジェロンディフの主語は，常に主節の主語と同じです．

2)「（もし）～すれば」（仮定）

En prenant le métro, vous arriverez à temps. メトロに乗れば，定刻に着くでしょう．

3)「～（だ）けれども」（対立）

Tout *en* étant très malade, il est allé à l'examen.

とても具合が悪かったけれども，彼は試験に行った．

＊対立の意味を強めるために，ジェロンディフの前に tout をつけることがあります．

Exercices 17

I　次の動詞について　(a)主語が nous の場合の直説法現在形　(b)現在分詞　を書きましょう.　178

			(a)	(b)
1)	écouter	: nous	________	________
2)	choisir	: nous	________	________
3)	dormir	: nous	________	________
4)	faire	: nous	________	________
5)	prendre	: nous	________	________
6)	voir	: nous	________	________
7)	être	: nous	________	________
8)	avoir	: nous	________	________

II　枠内からふさわしい動詞を選び，ジェロンディフにして（　　）内に書き入れましょう.　179

1)（　　　　　　　　）un taxi, tu arriveras vers midi.

2) Nous dînons toujours（　　　　　　　　）la télé.

3) Fais attention au feu（　　　　　　　　）un barbecue.

faire, prendre, regarder

III　和訳しましょう.　180

1) À l'aéroport, il y avait beaucoup de gens attendant une vedette de cinéma.

____

2) Tout en arrivant en retard, il a pu trouver une place libre.　　pu < pouvoir ㉟

____

Écoutons!　音声を聞いて，（　　）内に適当な語を書き入れましょう.　181

1) Il attendait Mélanie dans sa voiture（　　　）（　　　　　）la radio.

2) Le bébé（　　　　　　）dans son lit est très mignon.

Vocabulaire

scène			barbecue		
même			aéroport		
foulard			vedette		
faim			retard		
à temps			trouver		
malade			place		
vers			libre		
feu			mignon, *ne*		

◆復習◆直説法時制のまとめ　～以下の活用表を完成させましょう～

		être		avoir
現在形	je		j'	
	tu		tu	
	il		il	a
	nous	sommes	nous	
	vous		vous	
	ils		ils	
単純未来形	je		j'	
	tu		tu	
	il	sera	il	
	nous		nous	aurons
	vous		vous	
	ils		ils	
半過去形	j'		j'	
	tu		tu	
	il		il	
	nous	étions	nous	
	vous		vous	
	ils		ils	avaient

過去分詞 ＿＿＿＿＿＿　＿＿＿＿＿＿

現在分詞 ＿＿＿＿＿＿　＿＿＿＿＿＿

現在形	chanter		finir
je		je	
tu		tu	
il		il	
nous		nous	finissons
vous	chantez	vous	
ils		ils	

単純未来形	chanter		finir
je		je	
tu		tu	
il		il	
nous		nous	
vous		vous	
ils		ils	

半過去形	chanter		finir
je		je	
tu	chantais	tu	finissais
il		il	
nous		nous	
vous		vous	
ils		ils	

	chanter	finir
過去分詞		
現在分詞		

複合過去形	chanter		aller
j'		je	
tu		tu	
il		il	
elle		elle	
nous		nous	
vous		vous	
ils		ils	
elles		elles	

Leçon 18

I 条件法現在 182

chanter

je chante**rais**	nous chante**rions**
tu chante**rais**	vous chante**riez**
il chante**rait**	ils chante**raient**

finir

je fini**rais**	nous fini**rions**
tu fini**rais**	vous fini**riez**
il fini**rait**	ils fini**raient**

＊活用語尾は，すべての動詞に共通です．

je	—— **rais**	nous	—— **rions**
tu	—— **rais**	vous	—— **riez**
il	—— **rait**	ils	—— **raient**

◆語幹 … 直説法単純未来（→ 14 課）の語幹と同じ． 183

chanter : je chante → je **chante**rais
finir : fini~~r~~ → je **fini**rais
prendre : prend~~re~~ → je **prend**rais

pouvoir → je **pour**rais...	vouloir → je **voud**rais...
devoir → je **dev**rais...	voir → je **ver**rais...
être → je **se**rais...	avoir → j'**au**rais...
aller → j'**i**rais...	venir → je **viend**rais...
faire → je **fe**rais...	

用法 … 2通りに分けて考えます.

1）現在の事実に反することを仮定した上で，その結果を推測します．この場合，一般に次のような文の形になります.

Si　直説法半過去形，条件法現在形.

Si j'avais de l'argent, j'*achèterais* cette voiture.　お金があったら，この車を買うのだが.

Sans toi, le voyage ne *serait* pas joyeux.　君がいなかったら，旅行は楽しくないだろう.

＊si の節内で用いられる「直説法半過去形」は，本来の「半過去」の意味ではなく，「現在の事実に反する仮定」を表わしています.

☞条件法過去　p. 92

2）語調を緩和し，柔らかく表現をしたい場合に用いられます.

Je *voudrais* faire une réservation.　予約したいのですが.

Nous *aimerions* payer par carte.　カードで支払いたいのですが.

★「直説法（1〜17課）」「条件法（18課）」「接続法（19課）」について

フランス語には，いくつかの「法」がありますが，そもそも「法」とは何でしょうか？

「法」は「叙法」とも呼ばれ，一般に「話者の心的態度」のことだとされています．つまり，話している本人が，「どのようなつもりで話しているのか」を表わしているのです.

では，フランス語の代表的な「法」である「直説法」「条件法」「接続法」は，それぞれ「どのようなつもり」であることを表わしているのでしょうか？

直説法：事実を事実として表現する.
条件法：反事実を仮定し，その結果を推測する.
接続法：頭の中で考えたことを，希望や目的などとして表現する.

それぞれの「法」は，このような「心的態度」を表わしています.

Exercices 18

I　主語に合わせて，次の動詞の条件法現在形を書いてみましょう． 184

1）aimer　: j' ＿＿＿＿＿＿　nous ＿＿＿＿＿＿
2）finir　: il ＿＿＿＿＿＿　vous ＿＿＿＿＿＿
3）aller　: j' ＿＿＿＿＿＿　ils ＿＿＿＿＿＿
4）vouloir　: je ＿＿＿＿＿＿　nous ＿＿＿＿＿＿
5）être　: je ＿＿＿＿＿＿　elles ＿＿＿＿＿＿
6）avoir　: j' ＿＿＿＿＿＿　vous ＿＿＿＿＿＿

II　文中に使われている条件法現在形に下線を引き，その動詞の原形を（　　）内に書き入れましょう． 185

1）Si elle avait le temps, elle passerait chez moi.　（　　　　）
2）Avec Manon, il serait plus heureux.　（　　　　）
3）S'il faisait beau, nous irions à la mer.　（　　　　）
4）Je voudrais aller au château de Versailles.　（　　　　）
5）Pourriez-vous m'indiquer le chemin de la gare ?　（　　　　）

III　和訳しましょう． 186

1）Si je n'avais pas mal à la tête, je ferais du tennis avec mes copains.

＿＿＿＿＿＿＿＿＿＿＿＿＿＿＿＿＿＿＿＿

2）Vous devriez prendre l'express de deux heures.

＿＿＿＿＿＿＿＿＿＿＿＿＿＿＿＿＿＿＿＿

Écoutons !　音声を聞いて，（　　）内に適当な語を書き入れましょう． 187

1）Si je n'（　　　　）pas fatigué, j'（　　　　）voir un film.
2）（　　　）（　　　　　）acheter deux billets pour Lyon.

Vocabulaire

voyage			indiquer		
réservation			chemin		
payer			mal		
passer			tête		
mer			copain		
château(x)			billet		
Versailles	—	(固有) ヴェルサイユ			

Leçon 19

I　接続法現在

188

chanter

je	chant**e**	nous	chant**ions**
tu	chant**es**	vous	chant**iez**
il	chant**e**	ils	chant**ent**

finir

je	finiss**e**	nous	finiss**ions**
tu	finiss**es**	vous	finiss**iez**
il	finiss**e**	ils	finiss**ent**

＊活用語尾は，être, avoir 以外共通.

je	—— **e**	nous	—— **ions**
tu	—— **es**	vous	—— **iez**
il	—— **e**	ils	—— **ent**

◆語幹 … 一般に，直説法現在・3 人称複数（ils　—— ent）の語幹と同じです. 189

chanter：ils **chant**ent　→ je **chant**e
finir　：ils **finiss**ent　→ je **finiss**e

＊例外的な語幹を持つ動詞

i ）語幹が 1 つの動詞

faire　→　je **fass**e　　　pouvoir　→　je **puiss**e

ii ）語幹が 2 つある動詞

aller	→ j' **aill**e	nous	all**ions**	venir	→ je **vienn**e	nous	ven**ions**
	tu **aill**es	vous	all**iez**		tu **vienn**es	vous	ven**iez**
	il **aill**e	ils	**aill**ent		il **vienn**e	ils	**vienn**ent

＊être と avoir は，語幹も語尾も特殊です． 190

être		avoir	
je sois	nous soyons	j'aie	nous ayons
tu sois	vous soyez	tu aies	vous ayez
il soit	ils soient	il ait	ils aient

用法 … 従属節（que ～）の中で用いられ，頭の中で考えたことを，希望や目的などとして表わします．

Je souhaite que Mélanie *vienne* chez moi.　メラニーがわたしの家に寄ってくれることを願っています．

Ne regarde pas la télé pour que ton frère *travaille* bien.　兄（弟）さんがよく勉強できるように，テレビは見ないで．

Il faut que je *parte* pour la Nouvelle Calédonie demain.　明日，ニューカレドニアへ出発しなければならない．

Je ne crois pas qu'elle *soit* mariée.　彼女が結婚しているとは思いません．
crois < croire ⑮

C'est le meilleur plan que nous *puissions* trouver.　これは，わたしたちが考え得る最良の計画だ．

＊先行詞に最上級の形容詞がかかっている場合，あとの関係節の中は接続法になります．

☞接続法過去 p.100

Exercices 19

I 主語に合わせて，次の動詞の接続法現在形を書いてみましょう． 191

1) aimer : j' ________ nous ________
2) finir : il ________ vous ________
3) aller : j' ________ nous ________
4) être : tu ________ elles ________
5) avoir : j' ________ vous ________

II 文中に使われている接続法現在形に下線を引き，その動詞の原形を（　　）内に書き入れましょう． 192

1) Il faut que vous finissiez ces devoirs avant les vacances. (　　　　)
2) Je veux que Michel vienne ce soir. (　　　　)
3) Rentrons avant qu'il fasse nuit. (　　　　)
4) Bien qu'elle soit très fatiguée, elle travaille encore. (　　　　)

III 和訳しましょう． 193

1) Il faut que j'aille voir mes parents.

____

2) Je souhaite qu'elle réussisse à son examen.

____

3) C'est une des scènes les plus touchantes que je puisse imaginer.

____

____

Écoutons! 音声を聞いて（ ）内に適当な語を書き入れましょう． 194

1) Je (　　　　) qu'elle (　　　　) me voir.
2) Il (　　　　) que je (　　　　) ces devoirs.

Vocabulaire

souhaiter			plan		
que	接		vacances		
Nouvelle Calédonie	f.	(固有) ニューカレドニア	touchant, *e*		
croire			imaginer		

従属節（que ～）の動詞が接続法になる表現の例

195

- souhaiter que ～ ：～を願う
- vouloir que ～ ：～を望む
- il faut que ～ ：～が必要だ，～ねばならない
- ne pas croire que ～ ：～とは思わない

- avant que ～ ：～（する）前に
- bien que ～ ：～だけれども
- pour que ～ ：～（する）ために

＜総合問題 BILAN ②＞　L.11-19　全 50 問

I　日本語の文に対応するように、選択肢から動詞を選び、適当な形に活用させて書き入れてください。（複数回使うものもあります。） 196

**être　avoir　aller　venir　oublier　regarder　danser　inviter　essayer
coûter　préférer　pouvoir　devoir　vouloir　faire　savoir　prendre**

1) Ça (　　　　　) combien ?	それはいくらですか？
2) Je (　　　　　) ouvrir la fenêtre ?	窓を開けてもいいですか？
3) J'(　　　　　) vingt ans l'année prochaine.	来年二十歳になります。
4) Tu (　　　　　) avec Malik ?	マリックと踊った？
5) Il faut que j'(　　　　　) voir mes parents.	両親に会いに行かなくてはなりません。
6) Je (　　　　　) ceci à cela.	あれよりこれのほうが好きです。
7) (　　　　　)-vous quelque chose à boire ?	なにか飲みものはいかがですか？
8) Où (　　　　　)-vous ?	どこにいたんですか？
9) Nous (　　　　　) changer de train.	乗り換えなくてはならない。
10) Avec Manon, il (　　　　　) plus heureux.	マノンと一緒ならもっと幸せだろうに。
11) Je (　　　　　) faire la cuisine.	ぼくは料理ができる。
12) J'(　　　　　) à l'église tous les dimanches.	毎週日曜日、教会へ行ったものだ。
13) Tu n'(　　　　　) pas ton sac.	バッグ忘れないようにね。
14) Elle (　　　　　) au cinéma.	彼女は映画に行った。
15) Je peux (　　　　　) ?	ためしていいですか？
16) Nous dînons toujours (　　　　　) la télé.	いつもテレビを見ながら夕食をとります。
17) Qu'est-ce que tu (　　　　　) samedi prochain ?	今度の土曜日、何するの？
18) Je ne crois pas qu'elle (　　　　　) mariée.	彼女が結婚しているとは思いません。
19) Je (　　　　　) faire une réservation.	予約したいのですが。
20) Nous (　　　　　) le métro.	わたしたちはメトロに乗った。
21) Mélanie m'(　　　　　) à dîner.	メラニーがぼくを夕食に招待してる。

II 日本語の文に対応するように、選択肢から動詞を選び、適当な形に活用させて書き入れてください。

197

se coucher　se laver　se souvenir　se voir　s'intéresser
se téléphoner　se reveiller　se parler　se vendre　s'appeler

1) Paul et Marie (　　　　　　　　　　) souvent.　ポールとマリーはしょっちゅう電話し合う。

2) Tu (　　　　　　　　　　) tôt ?　早起きする？

3) Vous (　　　　　　　　　　) à la politique ?　政治に興味はありますか？

4) Elles (　　　　　　　　　　) une fois par semaine.　彼女たちは週に一回会う。

5) Le français (　　　　　　　　　　) à Tahiti.　タヒチではフランス語が話されている。

6) Je ne (　　　　　　　　　　) pas de cette histoire.　その話は覚えていない。

7) Ce modèle de voiture (　　　　　　　　　　) bien.　この型のクルマはよく売れる。

8) Elle (　　　　　　　　　　) tard dans la nuit.　彼女は夜遅く寝る。

9) Comment (　　　　　　　　　　)-vous ?　お名前はなんとおっしゃいますか？

10) Nous (　　　　　　　　　　) les mains.　わたしたちは手を洗う。

III 日本語の文に対応するように、カッコ内に動詞以外の語を書き入れてください。

198

1)	Tu as ( ) de mon aide ?	わたしの助けが必要なの？
2)	En prenant le métro, vous arriverez à ( ).	メトロに乗れば、定刻に着くでしょう。
3)	Il est ( ) de sa voiture ?	彼はクルマが自慢なの？
4)	Tout le ( ) aime Léna.	みんながレナを愛している。
5)	Vous êtes venu à Paris ( ) la première fois.	パリに初めて来たのですか？
6)	C'est l'histoire ( ) la fin est triste.	これは結末が悲しい物語です。
7)	Fais ( ) ça.	こんな風にして。
8)	Pourriez-vous m'indiquer le ( ) de la gare ?	駅へ行く道を教えていただけますか?
9)	Elle veut avoir un chien ( ) longtemps.	彼女はずっと前から犬を飼いたがっている。
10)	Vous êtes ( ) de ce résultat ?	この結果に満足ですか？
11)	Il y a ( ) de gens ici.	ここにはたくさんの人がいる。
12)	Ils veulent descendre dans la ( ).	彼らはデモのために街頭にくり出したがっている。
13)	Rentrons ( ) qu'il fasse nuit.	夜になる前に帰ろう。
14)	Tu penses ( ) ton projet ?	自分の計画について考えてる？
15)	Il a pu trouver une ( ) libre.	彼は空いている席を見つけられた。
16)	Je sais ( )'il veut sortir avec moi.	彼がわたしとデートしたがっているのは知っています。

IV　与えられた単語を並べかえ、さらに足りない１語を付け加えて、日本語の文に対応するフランス語の文を完成させてください。（ただし、文頭に来る語も小文字で書かれています。また、必要な場合は、エリジオンを行ってください。） 199

1）各人が人権を尊重しなくてはならない。

homme　les　respecter　le　de　doit　droits

2）君が話してくれた店はどこにあるの？

as　boutique　parlé　la　est　tu　où

3）エッフェル塔を訪れたことはありますか？（倒置疑問形で）

Eiffel　visité　tour　vous　la　déjà

appendice

I 名詞

◆特殊な複数形

1） -s, -x	→ 不変化	un cours → des cours		
2） -eu	→ -eux	un j*eu* → des j*eux*		
-eau	→ -eaux	un gât*eau* → des gât*eaux*		
3） -al	→ -aux	un journ*al* → des journ*aux*		
4） その他		un travail → des travaux,	un œil → des yeux	

II 形容詞

◆特殊な女性形

1） -e	→ 不変化	jeune → jeune	
2） -er	→ -ère	étrang*er* → étrang*ère*	
3） -if	→ -ive	act*if* → act*ive*	
4） -eux	→ -euse	heur*eux* → heur*euse*	
5） その他		bon → bonne,	frais → fraîche
		blanc → blanche,	gentil → gentille

◆男性第２形がある形容詞

	s.	*pl.*
m.	beau（bel）	beaux
f.	belle	belles

男性第２形は，母音（または無音のｈ）で始まる男性名詞の前で用いられる．またこうした形容詞の場合，女性形は男性第２形から作られる．

un *beau* paysage　　un *bel* appartement　　une *belle* maison

beau 以外には，nouveau（nouvel），vieux（vieil）などがある．

III 代名詞

◆疑問代名詞

	s.	*pl.*
m.	lequel	lesquels
f.	laquelle	lesquelles

「どちらか」を尋ねる場合に用いられる．「人」にも「もの」にも使える．形は，「定冠詞＋疑問形容詞（5 課）」．

Voilà deux voitures.　*Laquelle* préférez-vous ?

◆所有代名詞

	m.s.	*f.s.*	*m.pl.*	*f.pl.*
je	le mien	la mienne	les miens	les miennes
tu	le tien	la tienne	les tiens	les tiennes
il, elle	le sien	la sienne	les siens	les siennes
nous	le nôtre	la nôtre	les nôtres	
vous	le vôtre	la vôtre	les vôtres	
ils, elles	le leur	la leur	les leurs	

◆目的語代名詞が２つある場合の語順

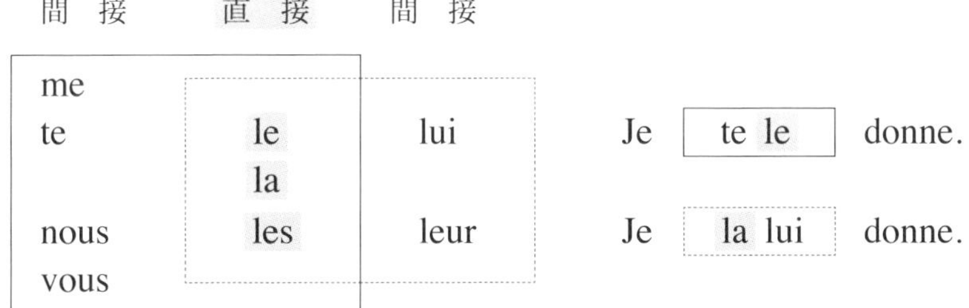

目的語が２つある場合，「直接目的語」は原則として「もの（le, la, les)」になる.
肯定命令の場合は，以下のように「動詞―直接目的―間接目的」という語順になる.

Donne-*la-moi*.　　Montrez-*les-leur*.

IV　動詞

◆さまざまな時制

⑴ 直説法前未来

助動詞（avoir・être）の単純未来形 ＋ 過去分詞

未来のある時点において，すでに完了している動作・状態を表わす.（英語の未来完了.）

Quand tu reviendras, je *serai* déjà *sorti*.

＊複合時制において，どちらの助動詞を使うかは，つねに〈複合過去〉（11 課）の場合と同じ考え方で判断します.

⑵ 直説法大過去

助動詞（avoir・être）の半過去形 ＋ 過去分詞

過去のある時点において，すでに完了している動作・状態を表わす.（英語の過去完了.）

Quand je suis arrivé à la gare, le train *était* déjà *parti*.

(3) 条件法過去

助動詞（avoir・être）の条件法過去形 ＋ 過去分詞

過去の事実に反する仮定をし，その結果を推測する．

Si j'avais eu de l'argent, j'*aurais acheté* une voiture.

(4) 接続法過去

助動詞（avoir・être）の接続法現在形 ＋ 過去分詞

Je regrette qu'il *soit parti*.

(5) 直説法単純過去

chanter		finir		avoir		être	
je	chant*ai*	je	fin*is*	j'e*us*		je	f*us*
tu	chant*as*	tu	fin*is*	tu	e*us*	tu	f*us*
il	chant*a*	il	fin*it*	il	e*ut*	il	f*ut*
nous	chant*âmes*	nous	fin*îmes*	nous	e*ûmes*	nous	f*ûmes*
vous	chant*âtes*	vous	fin*îtes*	vous	e*ûtes*	vous	f*ûtes*
ils	chant*èrent*	ils	fin*irent*	ils	e*urent*	ils	f*urent*

物語や歴史など，客観的な記述に用いられる．書き言葉でのみ使用．

J'*allumai* une pipe et je la *regardai*. Elle *haussa* les épaules.

(6) 直説法前過去

助動詞（avoir・être）の単純過去形 ＋ 過去分詞

単純過去で表わされる行為の直前に完了した行為を表わす．

Dès qu'elle *eut fini* ses devoirs, elle sortit avec son copain.

V　直接話法と間接話法

Elle m'a dit : « Je t'aime. »
Elle m'a dit qu'elle m'*aimait*.

Elle m'a demandé : « Est-elle déjà partie ? »
Elle m'a demandé si elle *était* déjà *partie*.

Elle m'a demandé : « Quand rentrerez-vous ? »
Elle m'a demandé quand je *rentrerais*.

VI　過去分詞の一致

(1) **受動態**　… 過去分詞は，主語と性・数一致する．（→ 16 課）

(2) **複合過去** … 複合過去を代表とするすべての複合時制において，以下の規則が適用されます．

(a) 助動詞が être の場合　… 過去分詞は，主語と性・数一致する．（→ 11 課）

(b) 助動詞が avoir の場合 … 直接目的語が《助動詞＋過去分詞》の前に置かれる場合，過去分詞は直接目的語と性・数一致する．

Il a invité Marie ?　— Oui, il *l'*a invitée.（l' = la）
Les *jupes* qu'elle a achetées hier sont très jolies.

VII　基数（21 〜）

21	vingt et un	22	vingt-deux	29	vingt-neuf
30	trente	31	trente et un	32	trente-deux
40	quarante	50	cinquante	60	soixante
70	soixante-dix	71	soixante et onze		
80	quatre-vingts	81	quatre-vingt-un		
90	quatre-vingt-dix	91	quatre-vingt-onze		
100	cent	101	cent un		
200	deux cents	201	deux cent un		
1000	mille				

◆日付・年号

5 月　1 日　le 1er mai　　（1 日に限り序数を用いる）
7 月 14 日　le 14 juillet

1988 年	（l'an）	mille neuf cent dix-neuf cent	quatre-vingt-huit

VIII　序数

1er / 1ère premier / première　　2ème deuxième（second, *e*）　　3ème troisième

4ème quatrième	5ème cinquième	6ème sixième	7ème septième
8ème huitième	9ème neuvième	10ème dixième	11ème onzième
12ème douzième	13ème treizième	14ème quatorzième	15ème quinzième
16ème seizième	17ème dix-septième	18ème dix-huitième	
19ème dix-neuvième	20ème vingtième	21ème vingt et unième	

21 世紀に　au vingt et unième siècle

IX 代名動詞の複合過去

je	me	suis	couché(e)	nous	nous	sommes	couché(e)s
tu	t'es		couché(e)	vous	vous	êtes	couché(e)(s)
il	s'est		couché	ils	se	sont	couchés
elle	s'est		couchée	elles	se	sont	couchées

＊過去分詞は，再帰代名詞（直接目的語の場合のみ）と性・数一致します．

著者紹介
清岡智比古（きよおか・ともひこ）
明治大学理工学部教授
主要著書：教科書に『ぜんぶ話して！』『クワ・ドゥ・ヌフ？　Z世代のリアル・フランス』(共著、ともに白水社)、参考書に『フラ語動詞、こんなにわかっていいかしら？』『フラ語入門、わかりやすいにもホドがある！』『フラ語ボキャブラ、単語王とはおこがましい！』『フラ語問題集、なんか楽しいかも！』（すべて白水社)、『ハートにビビッとフランス語』『清岡＆レナ式　フランス語初級卒業講座』（共著、ともにNHK出版）などがある。

ル・フランセ・クレール［三訂版］

2021年 2 月10日　第1刷発行
2024年 3 月10日　第6刷発行

著　者© 清　岡　智　比　古
発行者　岩　堀　雅　己
印刷所　株式会社　三秀舎

発行所　101-0052 東京都千代田区神田小川町3の24
電話 03-3291-7811（営業部）, 7821（編集部）
www.hakusuisha.co.jp
株式会社　白水社
乱丁・落丁本は送料小社負担にてお取り替えいたします。

振替 00190-5-33228　Printed in Japan　誠製本株式会社

ISBN 978-4-560-06138-1

入門／文法

ニューエクスプレスプラス フランス語
東郷雄二［著］【CD付】【音声アプリあり】
会話＋文法、入門書の決定版がパワーアップ.
（2色刷）A5判 159頁 定価2090円（本体1900円）

フラ語入門、わかりやすいにもホドがある! ［改訂新版］【CD付】【音声アプリあり】
清岡智比古［著］ 楽しく学べる入門書.
（2色刷）A5判 197頁 定価1760円（本体1600円）

フランス語のABC ［新版］ 【音声アプリあり】
数江譲治［著］一生モノのリファレンス.
（2色刷）四六判 274頁 定価2420円（本体2200円）

ひとりでも学べるフランス語
中村敦子［著］ 【音声アプリあり】
独習でも「わかった」「発音できる」という実感.
（2色刷）A5判 190頁 定価2310円（本体2100円）

アクション！ フランス語 A1
根木昭英／野澤 督／G.ヴェスィエール［著］
ヨーロッパスタンダード. 【音声ダウンロードあり】
（2色刷）A5判 151頁 定価2420円（本体2200円）

みんなの疑問に答える つぶやきのフランス語文法
田中善英［著］ フランス語学習を徹底サポート.
（2色刷）A5判 273頁 定価2860円（本体2600円）

問題集

フラ語問題集、なんか楽しいかも！
清岡智比古［著］ 【音声ダウンロードあり】
ザセツ知らずの練習問題集.
（2色刷）A5判 218頁 定価2090円（本体1900円）

1日5題文法ドリル つぶやきのフランス語
田中善英［著］ 日常生活で使える1500題.
四六判 247頁 定価2090円（本体1900円）

フランス文法はじめての練習帳
中村敦子［著］まずはこの一冊を完全にやりきろう！
A5判 186頁 定価1760円（本体1600円）

15日間フランス文法おさらい帳 ［改訂版］
中村敦子［著］ ドリル式で苦手項目を克服！
A5判 163頁 定価1980円（本体1800円）

仏検対策 5級問題集 三訂版 【CD付】
小倉博史／モーリス・ジャケ／舟杉真一［編著］
この一冊で仏検突破！
A5判 127頁 定価1980円（本体1800円）

仏検対策 4級問題集 三訂版 【CD付】
小倉博史／モーリス・ジャケ／舟杉真一［編著］
どんどん進む仏検対策の決定版.
A5判 147頁 定価2090円（本体1900円）

発音／リスニング

はじめての声に出すフランス語
高岡優希／ジャン=ノエル・ポレ／富本ジャニナ［著］
語学の独習は最初が肝心！ 【CD付】
A5判 108頁 定価1980円（本体1800円）

声に出すフランス語 即答練習ドリル 初級編 【音声ダウンロードあり】
高岡優希／ジャン=ノエル・ポレ／富本ジャニナ［著］
1200の即答練習で反射神経を鍛える！
A5判 122頁 定価2420円（本体2200円）

やさしくはじめるフランス語リスニング
大塚陽子／佐藤クリスティーヌ［著］
リスニングのはじめの一歩を. 【音声アプリあり】
（一部2色刷）A5判 117頁 定価2310円（本体2100円）

サクサク話せる！ フランス語会話
フローラン・ジレル・ボニニ［著］【音声アプリあり】
キーフレーズで表現の型を知る.
A5判 146頁 定価2530円（本体2300円）

単語集／熟語集

フラ語入門、ボキャブラ、単語王とはおこがましい！ ［増補新版］
清岡智比古［著］ 【音声ダウンロードあり】
（2色刷）A5判 263頁 定価2090円（本体1900円）

《仏検》3・4級必須単語集 （新装版） 【CD付】
久松健一［著］ 基礎語彙力養成にも最適！
四六判 234頁 定価1760円（本体1600円）

DELF A2対応 フランス語単語トレーニング 【音声ダウンロードあり】
モーリス・ジャケ／舟杉真一／服部悦子［著］
四六判 203頁 定価2640円（本体2400円）

DELF B1・B2対応 フランス語単語トレーニング 【音声ダウンロードあり】
モーリス・ジャケ／舟杉真一／服部悦子［著］
四六判 202頁 定価2860円（本体2600円）

動詞活用

フラ語動詞、こんなにわかっていいかしら？ ［増補新版］
清岡智比古［著］ 【音声ダウンロードあり】
（2色刷）A5判 158頁 定価1760円（本体1600円）

徹底整理 フランス語動詞活用55
高橋信良／久保田剛史［著］ 【音声ダウンロードあり】
（2色刷）A5判 134頁 定価1980円（本体1800円）

フランス語動詞完全攻略ドリル
岩根久／渡辺貴規子［著］1500問をコツコツこなす.
A5判 189頁 定価2200円（本体2000円）

重版にあたり，価格が変更になることがありますので，ご了承ください.

動詞活用表

不定法	直説法			
① **avoir** 現在分詞 ayant 過去分詞 eu [y]	現在 j' **ai** [e] tu **as** il **a** nous **avons** vous **avez** ils **ont**	半過去 j' **avais** tu **avais** il **avait** nous **avions** vous **aviez** ils **avaient**	単純過去 j' **eus** [y] tu **eus** il **eut** nous **eûmes** vous **eûtes** ils **eurent**	単純未来 j' au**rai** tu au**ras** il au**ra** nous au**rons** vous au**rez** ils au**ront**
	複合過去 j' ai eu tu as eu il a eu nous avons eu vous avez eu ils ont eu	大過去 j' avais eu tu avais eu il avait eu nous avions eu vous aviez eu ils avaient eu	前過去 j' eus eu tu eus eu il eut eu nous eûmes eu vous eûtes eu ils eurent eu	前未来 j' aurai eu tu auras eu il aura eu nous aurons eu vous aurez eu ils auront eu
② **être** 現在分詞 étant 過去分詞 été	現在 je **suis** tu **es** il **est** nous **sommes** vous **êtes** ils **sont**	半過去 j' **étais** tu **étais** il **était** nous **étions** vous **étiez** ils **étaient**	単純過去 je **fus** tu **fus** il **fut** nous **fûmes** vous **fûtes** ils **furent**	単純未来 je **serai** tu **seras** il **sera** nous **serons** vous **serez** ils **seront**
	複合過去 j' ai été tu as été il a été nous avons été vous avez été ils ont été	大過去 j' avais été tu avais été il avait été nous avions été vous aviez été ils avaient été	前過去 j' eus été tu eus été il eut été nous eûmes été vous eûtes été ils eurent été	前未来 j' aurai été tu auras été il aura été nous aurons été vous aurez été ils auront été
③ **aimer** 現在分詞 aimant 過去分詞 aimé	現在 j' aime tu aim**es** il aime nous aim**ons** vous aim**ez** ils aim**ent**	半過去 j' aim**ais** tu aim**ais** il aim**ait** nous aim**ions** vous aim**iez** ils aim**aient**	単純過去 j' aim**ai** tu aim**as** il aim**a** nous aim**âmes** vous aim**âtes** ils aim**èrent**	単純未来 j' aime**rai** tu aime**ras** il aime**ra** nous aime**rons** vous aime**rez** ils aime**ront**
第1群 規則動詞	複合過去 j' ai aimé tu as aimé il a aimé nous avons aimé vous avez aimé ils ont aimé	大過去 j' avais aimé tu avais aimé il avait aimé nous avions aimé vous aviez aimé ils avaient aimé	前過去 j' eus aimé tu eus aimé il eut aimé nous eûmes aimé vous eûtes aimé ils eurent aimé	前未来 j' aurai aimé tu auras aimé il aura aimé nous aurons aimé vous aurez aimé ils auront aimé
④ **finir** 現在分詞 finissant 過去分詞 fini	現在 je fin**is** tu fin**is** il fin**it** nous finiss**ons** vous finiss**ez** ils finiss**ent**	半過去 je finiss**ais** tu finiss**ais** il finiss**ait** nous finiss**ions** vous finiss**iez** ils finiss**aient**	単純過去 je fin**is** tu fin**is** il fin**it** nous fin**îmes** vous fin**îtes** ils fin**irent**	単純未来 je fini**rai** tu fini**ras** il fini**ra** nous fini**rons** vous fini**rez** ils fini**ront**
第2群 規則動詞	複合過去 j' ai fini tu as fini il a fini nous avons fini vous avez fini ils ont fini	大過去 j' avais fini tu avais fini il avait fini nous avions fini vous aviez fini ils avaient fini	前過去 j' eus fini tu eus fini il eut fini nous eûmes fini vous eûtes fini ils eurent fini	前未来 j' aurai fini tu auras fini il aura fini nous aurons fini vous aurez fini ils auront fini

条件法	接続法		命令法
現在	現在	半過去	
j' **aurais**	j' **aie** [ɛ]	j' **eusse**	
tu **aurais**	tu **aies**	tu **eusses**	aie
il **aurait**	il **ait**	il **eût**	
nous au**rions**	nous ay**ons**	nous **eussions**	ayons
vous au**riez**	vous ay**ez**	vous **eussiez**	ayez
ils au**raient**	ils **aient**	ils **eussent**	
過去	過去	大過去	
j' aurais eu	j' aie eu	j' eusse eu	
tu aurais eu	tu aies eu	tu eusses eu	
il aurait eu	il ait eu	il eût eu	
nous aurions eu	nous ayons eu	nous eussions eu	
vous auriez eu	vous ayez eu	vous eussiez eu	
ils auraient eu	ils aient eu	ils eussent eu	
現在	現在	半過去	
je **serais**	je sois	je **fusse**	
tu **serais**	tu sois	tu **fusses**	sois
il **serait**	il soit	il **fût**	
nous se**rions**	nous soy**ons**	nous **fussions**	soyons
vous se**riez**	vous soy**ez**	vous **fussiez**	soyez
ils se**raient**	ils soi**ent**	ils **fussent**	
過去	過去	大過去	
j' aurais été	j' aie été	j' eusse été	
tu aurais été	tu aies été	tu eusses été	
il aurait été	il ait été	il eût été	
nous aurions été	nous ayons été	nous eussions été	
vous auriez été	vous ayez été	vous eussiez été	
ils auraient été	ils aient été	ils eussent été	
現在	現在	半過去	
j' aime**rais**	j' aim**e**	j' aim**asse**	
tu aime**rais**	tu aim**es**	tu aim**asses**	aime
il aime**rait**	il aim**e**	il aim**ât**	
nous aime**rions**	nous aim**ions**	nous aim**assions**	aimons
vous aime**riez**	vous aim**iez**	vous aim**assiez**	aimez
ils aime**raient**	ils aim**ent**	ils aim**assent**	
過去	過去	大過去	
j' aurais aimé	j' aie aimé	j' eusse aimé	
tu aurais aimé	tu aies aimé	tu eusses aimé	
il aurait aimé	il ait aimé	il eût aimé	
nous aurions aimé	nous ayons aimé	nous eussions aimé	
vous auriez aimé	vous ayez aimé	vous eussiez aimé	
ils auraient aimé	ils aient aimé	ils eussent aimé	
現在	現在	半過去	
je fini**rais**	je fini**sse**	je fini**sse**	
tu fini**rais**	tu fini**sses**	tu fini**sses**	finis
il fini**rait**	il fini**sse**	il fin**ît**	
nous fini**rions**	nous fini**ssions**	nous fini**ssions**	finissons
vous fini**riez**	vous fini**ssiez**	vous fini**ssiez**	finissez
ils fini**raient**	ils fini**ssent**	ils fini**ssent**	
過去	過去	大過去	
j' aurais fini	j' aie fini	j' eusse fini	
tu aurais fini	tu aies fini	tu eusses fini	
il aurait fini	il ait fini	il eût fini	
nous aurions fini	nous ayons fini	nous eussions fini	
vous auriez fini	vous ayez fini	vous eussiez fini	
ils auraient fini	ils aient fini	ils eussent fini	

不定法 現在分詞 過去分詞	直説法			
	現在	半過去	単純過去	単純未来
⑤ **acheter** achetant acheté	j' ach**è**te tu ach**è**tes il ach**è**te n. achetons v. achetez ils ach**è**tent	j' achetais tu achetais il achetait n. achetions v. achetiez ils achetaient	j' achetai tu achetas il acheta n. achetâmes v. achetâtes ils achetèrent	j' ach**è**terai tu ach**è**teras il ach**è**tera n. ach**è**terons v. ach**è**terez ils ach**è**teront
⑥ **aller** allant allé	je **vais** tu **vas** il **va** n. allons v. allez ils **vont**	j' allais tu allais il allait n. allions v. alliez ils allaient	j' allai tu allas il alla n. allâmes v. allâtes ils allèrent	j' irai tu iras il ira n. irons v. irez ils iront
⑦ **appeler** appelant appelé	j' appelle tu appelles il appelle n. appelons v. appelez ils appellent	j' appelais tu appelais il appelait n. appelions v. appeliez ils appelaient	j' appelai tu appelas il appela n. appelâmes v. appelâtes ils appelèrent	j' appellerai tu appelleras il appellera n. appellerons v. appellerez ils appelleront
⑧ **asseoir** asseyant (assoyant) assis	j' assieds [asje] tu assieds il assied n. asseyons v. asseyez ils asseyent	j' asseyais tu asseyais il asseyait n. asseyions v. asseyiez ils asseyaient	j' assis tu assis il assit n. assîmes v. assîtes ils assirent	j' assiérai tu assiéras il assiéra n. assiérons v. assiérez ils assiéront
	j' assois tu assois il assoit n. assoyons v. assoyez ils assoient	j' assoyais tu assoyais il assoyait n. assoyions v. assoyiez ils assoyaient		j' assoirai tu assoiras il assoira n. assoirons v. assoirez ils assoiront
⑨ **battre** battant battu	je bats tu bats il bat n. battons v. battez ils battent	je battais tu battais il battait n. battions v. battiez ils battaient	je battis tu battis il battit n. battîmes v. battîtes ils battirent	je battrai tu battras il battra n. battrons v. battrez ils battront
⑩ **boire** buvant bu	je bois tu bois il boit n. buvons v. buvez ils boivent	je buvais tu buvais il buvait n. buvions v. buviez ils buvaient	je bus tu bus il but n. bûmes v. bûtes ils burent	je boirai tu boiras il boira n. boirons v. boirez ils boiront
⑪ **conduire** conduisant conduit	je conduis tu conduis il conduit n. conduisons v. conduisez ils conduisent	je conduisais tu conduisais il conduisait n. conduisions v. conduisiez ils conduisaient	je conduisis tu conduisis il conduisit n. conduisîmes v. conduisîtes ils conduisirent	je conduirai tu conduiras il conduira n. conduirons v. conduirez ils conduiront

条件法	接続法		命令法	同型
現在	現在	半過去		
j' achèterais tu achèterais il achèterait n. achèterions v. achèteriez ils achèteraient	j' achète tu achètes il achète n. achetions v. achetiez ils achètent	j' achetasse tu achetasses il achetât n. achetassions v. achetassiez ils achetassent	achète achetons achetez	achever lever mener promener soulever
j' **irais** tu **irais** il **irait** n. **irions** v. **iriez** ils **iraient**	j' **aille** tu **ailles** il **aille** n. allions v. alliez ils **aillent**	j' allasse tu allasses il allât n. allassions v. allassiez ils allassent	**va** allons allez	
j' appellerais tu appellerais il appellerait n. appellerions v. appelleriez ils appelleraient	j' appelle tu appelles il appelle n. appelions v. appeliez ils appellent	j' appelasse tu appelasses il appelât n. appelassions v. appelassiez ils appelassent	appelle appelons appelez	jeter rappeler
j' assiérais tu assiérais il assiérait n. assiérions v. assiériez ils assiéraient	j' asseye [asɛj] tu asseyes il asseye n. asseyions v. asseyiez ils asseyent	j' assisse tu assisses il assît n. assissions v. assissiez ils assissent	assieds asseyons asseyez	注 主として代名動詞s'asseoirで使われる.
j' assoirais tu assoirais il assoirait n. assoirions v. assoiriez ils assoiraient	j' assoie tu assoies il assoie n. assoyions v. assoyiez ils assoient		assois assoyons assoyez	
je battrais tu battrais il battrait n. battrions v. battriez ils battraient	je batte tu battes il batte n. battions v. battiez ils battent	je battisse tu battisses il battît n. battissions v. battissiez ils battissent	bats battons battez	abattre combattre
je boirais tu boirais il boirait n. boirions v. boiriez ils boiraient	je boive tu boives il boive n. buvions v. buviez ils boivent	je busse tu busses il bût n. bussions v. bussiez ils bussent	bois buvons buvez	
je conduirais tu conduirais il conduirait n. conduirions v. conduiriez ils conduiraient	je conduise tu conduises il conduise n. conduisions v. conduisiez ils conduisent	je conduisisse tu conduisisses il conduisît n. conduisissions v. conduisissiez ils conduisissent	conduis conduisons conduisez	construire détruire instruire introduire produire traduire

不定法 現在分詞 過去分詞	直説法			
	現在	半過去	単純過去	単純未来
⑫ **connaître** connaissant connu	je connais tu connais il connaît n. connaissons v. connaissez ils connaissent	je connaissais tu connaissais il connaissait n. connaissions v. connaissiez ils connaissaient	je connus tu connus il connut n. connûmes v. connûtes ils connurent	je connaîtrai tu connaîtras il connaîtra n. connaîtrons v. connaîtrez ils connaîtront
⑬ **courir** courant couru	je cours tu cours il court n. courons v. courez ils courent	je courais tu courais il courait n. courions v. couriez ils couraient	je courus tu courus il courut n. courûmes v. courûtes ils coururent	je courrai tu courras il courra n. courrons v. courrez ils courront
⑭ **craindre** craignant craint	je crains tu crains il craint n. craignons v. craignez ils craignent	je craignais tu craignais il craignait n. craignions v. craigniez ils craignaient	je craignis tu craignis il craignit n. craignîmes v. craignîtes ils craignirent	je craindrai tu craindras il craindra n. craindrons v. craindrez ils craindront
⑮ **croire** croyant cru	je crois tu crois il croit n. croyons v. croyez ils croient	je croyais tu croyais il croyait n. croyions v. croyiez ils croyaient	je crus tu crus il crut n. crûmes v. crûtes ils crurent	je croirai tu croiras il croira n. croirons v. croirez ils croiront
⑯ **devoir** devant dû, due, dus, dues	je dois tu dois il doit n. devons v. devez ils doivent	je devais tu devais il devait n. devions v. deviez ils devaient	je dus tu dus il dut n. dûmes v. dûtes ils durent	je devrai tu devras il devra n. devrons v. devrez ils devront
⑰ **dire** disant dit	je dis tu dis il dit n. disons v. dites ils disent	je disais tu disais il disait n. disions v. disiez ils disaient	je dis tu dis il dit n. dîmes v. dîtes ils dirent	je dirai tu diras il dira n. dirons v. direz ils diront
⑱ **écrire** écrivant écrit	j' écris tu écris il écrit n. écrivons v. écrivez ils écrivent	j' écrivais tu écrivais il écrivait n. écrivions v. écriviez ils écrivaient	j' écrivis tu écrivis il écrivit n. écrivîmes v. écrivîtes ils écrivirent	j' écrirai tu écriras il écrira n. écrirons v. écrirez ils écriront
⑲ **employer** employant employé	j' emploie tu emploies il emploie n. employons v. employez ils emploient	j' employais tu employais il employait n. employions v. employiez ils employaient	j' employai tu employas il employa n. employâmes v. employâtes ils employèrent	j' emploierai tu emploieras il emploiera n. emploierons v. emploierez ils emploieront

条件法	接続法		命令法	同型
現在	現在	半過去		
je connaîtrais tu connaîtrais il connaîtrait n. connaîtrions v. connaîtriez ils connaîtraient	je connaisse tu connaisses il connaisse n. connaissions v. connaissiez ils connaissent	je connusse tu connusses il connût n. connussions v. connussiez ils connussent	connais connaissons connaissez	apparaître disparaître paraître reconnaître
je courrais tu courrais il courrait n. courrions v. courriez ils courraient	je coure tu coures il coure n. courions v. couriez ils courent	je courusse tu courusses il courût n. courussions v. courussiez ils courussent	cours courons courez	accourir parcourir
je craindrais tu craindrais il craindrait n. craindrions v. craindriez ils craindraient	je craigne tu craignes il craigne n. craignions v. craigniez ils craignent	je craignisse tu craignisses il craignît n. craignissions v. craignissiez ils craignissent	crains craignons craignez	atteindre éteindre joindre peindre plaindre
je croirais tu croirais il croirait n. croirions v. croiriez ils croiraient	je croie tu croies il croie n. croyions v. croyiez ils croient	je crusse tu crusses il crût n. crussions v. crussiez ils crussent	crois croyons croyez	
je devrais tu devrais il devrait n. devrions v. devriez ils devraient	je doive tu doives il doive n. devions v. deviez ils doivent	je dusse tu dusses il dût n. dussions v. dussiez ils dussent		
je dirais tu dirais il dirait n. dirions v. diriez ils diraient	je dise tu dises il dise n. disions v. disiez ils disent	je disse tu disses il dît n. dissions v. dissiez ils dissent	dis disons dites	
j' écrirais tu écrirais il écrirait n. écririons v. écririez ils écriraient	j' écrive tu écrives il écrive n. écrivions v. écriviez ils écrivent	j' écrivisse tu écrivisses il écrivît n. écrivissions v. écrivissiez ils écrivissent	écris écrivons écrivez	décrire inscrire
j' emploierais tu emploierais il emploierait n. emploierions v. emploieriez ils emploieraient	j' emploie tu emploies il emploie n. employions v. employiez ils emploient	j' employasse tu employasses il employât n. employassions v. employassiez ils employassent	emploie employons employez	aboyer nettoyer noyer tutoyer

不定法 現在分詞 過去分詞	直説法			
	現在	半過去	単純過去	単純未来
⑳ **envoyer** envoyant envoyé	j' envoie tu envoies il envoie n. envoyons v. envoyez ils envoient	j' envoyais tu envoyais il envoyait n. envoyions v. envoyiez ils envoyaient	j' envoyai tu envoyas il envoya n. envoyâmes v. envoyâtes ils envoyèrent	j' enverrai tu enverras il enverra n. enverrons v. enverrez ils enverront
㉑ **faire** faisant [fəzɑ̃] fait	je fais [fɛ] tu fais il fait n. faisons [fəzɔ̃] v. **faites** [fɛt] ils **font**	je faisais [fəzɛ] tu faisais il faisait n. faisions v. faisiez ils faisaient	je fis tu fis il fit n. fîmes v. fîtes ils firent	je ferai tu feras il fera n. ferons v. ferez ils feront
㉒ **falloir** — fallu	il faut	il fallait	il fallut	il faudra
㉓ **fuir** fuyant fui	je fuis tu fuis il fuit n. fuyons v. fuyez ils fuient	je fuyais tu fuyais il fuyait n. fuyions v. fuyiez ils fuyaient	je fuis tu fuis il fuit n. fuîmes v. fuîtes ils fuirent	je fuirai tu fuiras il fuira n. fuirons v. fuirez ils fuiront
㉔ **lire** lisant lu	je lis tu lis il lit n. lisons v. lisez ils lisent	je lisais tu lisais il lisait n. lisions v. lisiez ils lisaient	je lus tu lus il lut n. lûmes v. lûtes ils lurent	je lirai tu liras il lira n. lirons v. lirez ils liront
㉕ **manger** mangeant mangé	je mange tu manges il mange n. mangeons v. mangez ils mangent	je mangeais tu mangeais il mangeait n. mangions v. mangiez ils mangeaient	je mangeai tu mangeas il mangea n. mangeâmes v. mangeâtes ils mangèrent	je mangerai tu mangeras il mangera n. mangerons v. mangerez ils mangeront
㉖ **mettre** mettant mis	je mets tu mets il met n. mettons v. mettez ils mettent	je mettais tu mettais il mettait n. mettions v. mettiez ils mettaient	je mis tu mis il mit n. mîmes v. mîtes ils mirent	je mettrai tu mettras il mettra n. mettrons v. mettrez ils mettront
㉗ **mourir** mourant mort	je meurs tu meurs il meurt n. mourons v. mourez ils meurent	je mourais tu mourais il mourait n. mourions v. mouriez ils mouraient	je mourus tu mourus il mourut n. mourûmes v. mourûtes ils moururent	je mourrai tu mourras il mourra n. mourrons v. mourrez ils mourront

条件法	接続法		命令法	同型
現在	現在	半過去		
j' enverrais tu enverrais il enverrait n. enverrions v. enverriez ils enverraient	j' envoie tu envoies il envoie n. envoyions v. envoyiez ils envoient	j' envoyasse tu envoyasses il envoyât n. envoyassions v. envoyassiez ils envoyassent	envoie envoyons envoyez	renvoyer
je ferais tu ferais il ferait n. ferions v. feriez ils feraient	je fasse tu fasses il fasse n. fassions v. fassiez ils fassent	je fisse tu fisses il fît n. fissions v. fissiez ils fissent	fais faisons faites	défaire refaire satisfaire
il faudrait	il faille	il fallût		
je fuirais tu fuirais il fuirait n. fuirions v. fuiriez ils fuiraient	je fuie tu fuies il fuie n. fuyions v. fuyiez ils fuient	je fuisse tu fuisses il fuît n. fuissions v. fuissiez ils fuissent	fuis fuyons fuyez	s'enfuir
je lirais tu lirais il lirait n. lirions v. liriez ils liraient	je lise tu lises il lise n. lisions v. lisiez ils lisent	je lusse tu lusses il lût n. lussions v. lussiez ils lussent	lis lisons lisez	élire relire
je mangerais tu mangerais il mangerait n. mangerions v. mangeriez ils mangeraient	je mange tu manges il mange n. mangions v. mangiez ils mangent	je mang**e**asse tu mang**e**asses il mang**e**ât n. mang**e**assions v. mang**e**assiez ils mang**e**assent	mange mang**e**ons mangez	changer déranger nager obliger partager voyager
je mettrais tu mettrais il mettrait n. mettrions v. mettriez ils mettraient	je mette tu mettes il mette n. mettions v. mettiez ils mettent	je misse tu misses il mît n. missions v. missiez ils missent	mets mettons mettez	admettre commettre permettre promettre remettre
je mourrais tu mourrais il mourrait n. mourrions v. mourriez ils mourraient	je meure tu meures il meure n. mourions v. mouriez ils meurent	je mourusse tu mourusses il mourût n. mourussions v. mourussiez ils mourussent	meurs mourons mourez	

不定法 現在分詞 過去分詞	直説法			
	現在	半過去	単純過去	単純未来
㉘ **naître** naissant né	je nais tu nais il naît n. naissons v. naissez ils naissent	je naissais tu naissais il naissait n. naissions v. naissiez ils naissaient	je naquis tu naquis il naquit n. naquîmes v. naquîtes ils naquirent	je naîtrai tu naîtras il naîtra n. naîtrons v. naîtrez ils naîtront
㉙ **ouvrir** ouvrant ouvert	j' ouvre tu ouvres il ouvre n. ouvrons v. ouvrez ils ouvrent	j' ouvrais tu ouvrais il ouvrait n. ouvrions v. ouvriez ils ouvraient	j' ouvris tu ouvris il ouvrit n. ouvrîmes v. ouvrîtes ils ouvrirent	j' ouvrirai tu ouvriras il ouvrira n. ouvrirons v. ouvrirez ils ouvriront
㉚ **partir** partant parti	je pars tu pars il part n. partons v. partez ils partent	je partais tu partais il partait n. partions v. partiez ils partaient	je partis tu partis il partit n. partîmes v. partîtes ils partirent	je partirai tu partiras il partira n. partirons v. partirez ils partiront
㉛ **payer** payant payé	je paie [pɛ] tu paies il paie n. payons v. payez ils paient ------ je paye [pɛj] tu payes il paye n. payons v. payez ils payent	je payais tu payais il payait n. payions v. payiez ils payaient	je payai tu payas il paya n. payâmes v. payâtes ils payèrent	je paierai tu paieras il paiera n. paierons v. paierez ils paieront ------ je payerai tu payeras il payera n. payerons v. payerez ils payeront
㉜ **placer** plaçant placé	je place tu places il place n. plaçons v. placez ils placent	je plaçais tu plaçais il plaçait n. placions v. placiez ils plaçaient	je plaçai tu plaças il plaça n. plaçâmes v. plaçâtes ils placèrent	je placerai tu placeras il placera n. placerons v. placerez ils placeront
㉝ **plaire** plaisant plu	je plais tu plais il plaît n. plaisons v. plaisez ils plaisent	je plaisais tu plaisais il plaisait n. plaisions v. plaisiez ils plaisaient	je plus tu plus il plut n. plûmes v. plûtes ils plurent	je plairai tu plairas il plaira n. plairons v. plairez ils plairont
㉞ **pleuvoir** pleuvant plu	il pleut	il pleuvait	il plut	il pleuvra

条件法	接続法		命令法	同型
現在	現在	半過去		
je naîtrais tu naîtrais il naîtrait n. naîtrions v. naîtriez ils naîtraient	je naisse tu naisses il naisse n. naissions v. naissiez ils naissent	je naquisse tu naquisses il naquît n. naquissions v. naquissiez ils naquissent	nais naissons naissez	
j' ouvrirais tu ouvrirais il ouvrirait n. ouvririons v. ouvririez ils ouvriraient	j' ouvre tu ouvres il ouvre n. ouvrions v. ouvriez ils ouvrent	j' ouvrisse tu ouvrisses il ouvrît n. ouvrissions v. ouvrissiez ils ouvrissent	ouvre ouvrons ouvrez	couvrir découvrir offrir souffrir
je partirais tu partirais il partirait n. partirions v. partiriez ils partiraient	je parte tu partes il parte n. partions v. partiez ils partent	je partisse tu partisses il partît n. partissions v. partissiez ils partissent	pars partons partez	dormir ressortir sentir servir sortir
je paierais tu paierais il paierait n. paierions v. paieriez ils paieraient	je paie tu paies il paie n. payions v. payiez ils paient	je payasse tu payasses il payât n. payassions v. payassiez ils payassent	paie payons payez	effrayer essayer
je payerais tu payerais il payerait n. payerions v. payeriez ils payeraient	je paye tu payes il paye n. payions v. payiez ils payent		paye payons payez	
je placerais tu placerais il placerait n. placerions v. placeriez ils placeraient	je place tu places il place n. placions v. placiez ils placent	je plaçasse tu plaçasses il plaçât n. plaçassions v. plaçassiez ils plaçassent	place plaçons placez	annoncer avancer commencer forcer lancer prononcer
je plairais tu plairais il plairait n. plairions v. plairiez ils plairaient	je plaise tu plaises il plaise n. plaisions v. plaisiez ils plaisent	je plusse tu plusses il plût n. plussions v. plussiez ils plussent	plais plaisons plaisez	complaire déplaire (se) taire 注 過去分詞 plu は不変
il pleuvrait	il pleuve	il plût		

不定法 現在分詞 過去分詞	直説法			
	現在	半過去	単純過去	単純未来
㉟ **pouvoir** pouvant pu	je peux (puis) tu peux il peut n. pouvons v. pouvez ils peuvent	je pouvais tu pouvais il pouvait n. pouvions v. pouviez ils pouvaient	je pus tu pus il put n. pûmes v. pûtes ils purent	je pourrai tu pourras il pourra n. pourrons v. pourrez ils pourront
㊱ **préférer** préférant préféré	je préfère tu préfères il préfère n. préférons v. préférez ils préfèrent	je préférais tu préférais il préférait n. préférions v. préfériez ils préféraient	je préférai tu préféras il préféra n. préférâmes v. préférâtes ils préférèrent	je préférerai tu préféreras il préférera n. préférerons v. préférerez ils préféreront
㊲ **prendre** prenant pris	je prends tu prends il prend n. prenons v. prenez ils prennent	je prenais tu prenais il prenait n. prenions v. preniez ils prenaient	je pris tu pris il prit n. prîmes v. prîtes ils prirent	je prendrai tu prendras il prendra n. prendrons v. prendrez ils prendront
㊳ **recevoir** recevant reçu	je reçois tu reçois il reçoit n. recevons v. recevez ils reçoivent	je recevais tu recevais il recevait n. recevions v. receviez ils recevaient	je reçus tu reçus il reçut n. reçûmes v. reçûtes ils reçurent	je recevrai tu recevras il recevra n. recevrons v. recevrez ils recevront
㊴ **rendre** rendant rendu	je rends tu rends il rend n. rendons v. rendez ils rendent	je rendais tu rendais il rendait n. rendions v. rendiez ils rendaient	je rendis tu rendis il rendit n. rendîmes v. rendîtes ils rendirent	je rendrai tu rendras il rendra n. rendrons v. rendrez ils rendront
㊵ **résoudre** résolvant résolu	je résous tu résous il résout n. résolvons v. résolvez ils résolvent	je résolvais tu résolvais il résolvait n. résolvions v. résolviez ils résolvaient	je résolus tu résolus il résolut n. résolûmes v. résolûtes ils résolurent	je résoudrai tu résoudras il résoudra n. résoudrons v. résoudrez ils résoudront
㊶ **rire** riant ri	je ris tu ris il rit n. rions v. riez ils rient	je riais tu riais il riait n. riions v. riiez ils riaient	je ris tu ris il rit n. rîmes v. rîtes ils rirent	je rirai tu riras il rira n. rirons v. rirez ils riront
㊷ **savoir** sachant su	je sais tu sais il sait n. savons v. savez ils savent	je savais tu savais il savait n. savions v. saviez ils savaient	je sus tu sus il sut n. sûmes v. sûtes ils surent	je saurai tu sauras il saura n. saurons v. saurez ils sauront

<table>
<tr><th colspan="1">条件法</th><th colspan="2">接続法</th><th rowspan="2">命令法</th><th rowspan="2">同型</th></tr>
<tr><th>現在</th><th>現在</th><th>半過去</th></tr>
<tr><td>je pourrais
tu pourrais
il pourrait
n. pourrions
v. pourriez
ils pourraient</td><td>je puisse
tu puisses
il puisse
n. puissions
v. puissiez
ils puissent</td><td>je pusse
tu pusses
il pût
n. pussions
v. pussiez
ils pussent</td><td></td><td></td></tr>
<tr><td>je préférerais
tu préférerais
il préférerait
n. préférerions
v. préféreriez
ils préféreraient</td><td>je préfère
tu préfères
il préfère
n. préférions
v. préfériez
ils préfèrent</td><td>je préférasse
tu préférasses
il préférât
n. préférassions
v. préférassiez
ils préférassent</td><td>préfère

préférons
préférez</td><td>céder
considérer
espérer
pénétrer
posséder
répéter</td></tr>
<tr><td>je prendrais
tu prendrais
il prendrait
n. prendrions
v. prendriez
ils prendraient</td><td>je prenne
tu prennes
il prenne
n. prenions
v. preniez
ils prennent</td><td>je prisse
tu prisses
il prît
n. prissions
v. prissiez
ils prissent</td><td>prends

prenons
prenez</td><td>apprendre
comprendre
entreprendre
reprendre
surprendre</td></tr>
<tr><td>je recevrais
tu recevrais
il recevrait
n. recevrions
v. recevriez
ils recevraient</td><td>je reçoive
tu reçoives
il reçoive
n. recevions
v. receviez
ils reçoivent</td><td>je reçusse
tu reçusses
il reçût
n. reçussions
v. reçussiez
ils reçussent</td><td>reçois

recevons
recevez</td><td>apercevoir
concevoir
décevoir</td></tr>
<tr><td>je rendrais
tu rendrais
il rendrait
n. rendrions
v. rendriez
ils rendraient</td><td>je rende
tu rendes
il rende
n. rendions
v. rendiez
ils rendent</td><td>je rendisse
tu rendisses
il rendît
n. rendissions
v. rendissiez
ils rendissent</td><td>rends

rendons
rendez</td><td>attendre
descendre
entendre
perdre
répondre
vendre</td></tr>
<tr><td>je résoudrais
tu résoudrais
il résoudrait
n. résoudrions
v. résoudriez
ils résoudraient</td><td>je résolve
tu résolves
il résolve
n. résolvions
v. résolviez
ils résolvent</td><td>je résolusse
tu résolusses
il résolût
n. résolussions
v. résolussiez
ils résolussent</td><td>résous

résolvons
résolvez</td><td></td></tr>
<tr><td>je rirais
tu rirais
il rirait
n. ririons
v. ririez
ils riraient</td><td>je rie
tu ries
il rie
n. riions
v. riiez
ils rient</td><td>je risse
tu risses
il rît
n. rissions
v. rissiez
ils rissent</td><td>ris

rions
riez</td><td>sourire

注 過去分詞 ri は不変</td></tr>
<tr><td>je saurais
tu saurais
il saurait
n. saurions
v. sauriez
ils sauraient</td><td>je sache
tu saches
il sache
n. sachions
v. sachiez
ils sachent</td><td>je susse
tu susses
il sût
n. sussions
v. sussiez
ils sussent</td><td>sache

sachons
sachez</td><td></td></tr>
</table>

不定法 現在分詞 過去分詞	直説法			
	現在	半過去	単純過去	単純未来
㊸ **suffire** suffisant suffi	je suffis tu suffis il suffit n. suffisons v. suffisez ils suffisent	je suffisais tu suffisais il suffisait n. suffisions v. suffisiez ils suffisaient	je suffis tu suffis il suffit n. suffîmes v. suffîtes ils suffirent	je suffirai tu suffiras il suffira n. suffirons v. suffirez ils suffiront
㊹ **suivre** suivant suivi	je suis tu suis il suit n. suivons v. suivez ils suivent	je suivais tu suivais il suivait n. suivions v. suiviez ils suivaient	je suivis tu suivis il suivit n. suivîmes v. suivîtes ils suivirent	je suivrai tu suivras il suivra n. suivrons v. suivrez ils suivront
㊺ **vaincre** vainquant vaincu	je vaincs tu vaincs il vainc n. vainquons v. vainquez ils vainquent	je vainquais tu vainquais il vainquait n. vainquions v. vainquiez ils vainquaient	je vainquis tu vainquis il vainquit n. vainquîmes v. vainquîtes ils vainquirent	je vaincrai tu vaincras il vaincra n. vaincrons v. vaincrez ils vaincront
㊻ **valoir** valant valu	je vaux tu vaux il vaut n. valons v. valez ils valent	je valais tu valais il valait n. valions v. valiez ils valaient	je valus tu valus il valut n. valûmes v. valûtes ils valurent	je vaudrai tu vaudras il vaudra n. vaudrons v. vaudrez ils vaudront
㊼ **venir** venant venu	je viens tu viens il vient n. venons v. venez ils viennent	je venais tu venais il venait n. venions v. veniez ils venaient	je vins tu vins il vint n. vînmes v. vîntes ils vinrent	je viendrai tu viendras il viendra n. viendrons v. viendrez ils viendront
㊽ **vivre** vivant vécu	je vis tu vis il vit n. vivons v. vivez ils vivent	je vivais tu vivais il vivait n. vivions v. viviez ils vivaient	je vécus tu vécus il vécut n. vécûmes v. vécûtes ils vécurent	je vivrai tu vivras il vivra n. vivrons v. vivrez ils vivront
㊾ **voir** voyant vu	je vois tu vois il voit n. voyons v. voyez ils voient	je voyais tu voyais il voyait n. voyions v. voyiez ils voyaient	je vis tu vis il vit n. vîmes v. vîtes ils virent	je verrai tu verras il verra n. verrons v. verrez ils verront
㊿ **vouloir** voulant voulu	je veux tu veux il veut n. voulons v. voulez ils veulent	je voulais tu voulais il voulait n. voulions v. vouliez ils voulaient	je voulus tu voulus il voulut n. voulûmes v. voulûtes ils voulurent	je voudrai tu voudras il voudra n. voudrons v. voudrez ils voudront

条件法	接続法		命令法	同型
現在	現在	半過去		
je suffirais tu suffirais il suffirait n. suffirions v. suffiriez ils suffiraient	je suffise tu suffises il suffise n. suffisions v. suffisiez ils suffisent	je suffisse tu suffisses il suffît n. suffissions v. suffissiez ils suffissent	suffis suffisons suffisez	注 過去分詞 suffi は不変
je suivrais tu suivrais il suivrait n. suivrions v. suivriez ils suivraient	je suive tu suives il suive n. suivions v. suiviez ils suivent	je suivisse tu suivisses il suivît n. suivissions v. suivissiez ils suivissent	suis suivons suivez	poursuivre
je vaincrais tu vaincrais il vaincrait n. vaincrions v. vaincriez ils vaincraient	je vainque tu vainques il vainque n. vainquions v. vainquiez ils vainquent	je vainquisse tu vainquisses il vainquît n. vainquissions v. vainquissiez ils vainquissent	vaincs vainquons vainquez	convaincre
je vaudrais tu vaudrais il vaudrait n. vaudrions v. vaudriez ils vaudraient	je vaille tu vailles il vaille n. valions v. valiez ils vaillent	je valusse tu valusses il valût n. valussions v. valussiez ils valussent		
je viendrais tu viendrais il viendrait n. viendrions v. viendriez ils viendraient	je vienne tu viennes il vienne n. venions v. veniez ils viennent	je vinsse tu vinsses il vînt n. vinssions v. vinssiez ils vinssent	viens venons venez	appartenir devenir obtenir revenir (se) souvenir tenir
je vivrais tu vivrais il vivrait n. vivrions v. vivriez ils vivraient	je vive tu vives il vive n. vivions v. viviez ils vivent	je vécusse tu vécusses il vécût n. vécussions v. vécussiez ils vécussent	vis vivons vivez	survivre
je verrais tu verrais il verrait n. verrions v. verriez ils verraient	je voie tu voies il voie n. voyions v. voyiez ils voient	je visse tu visses il vît n. vissions v. vissiez ils vissent	vois voyons voyez	entrevoir revoir
je voudrais tu voudrais il voudrait n. voudrions v. voudriez ils voudraient	je veuille tu veuilles il veuille n. voulions v. vouliez ils veuillent	je voulusse tu voulusses il voulût n. voulussions v. voulussiez ils voulussent	veuille veuillons veuillez	

◆ **動詞変化に関する注意**

不定法
-er
-ir
-re
-oir

現在分詞
-ant

	直説法現在		直・半過去	直・単純未来	条・現在
je	**-e**	**-s**	**-ais**	**-rai**	**-rais**
tu	**-es**	**-s**	**-ais**	**-ras**	**-rais**
il	**-e**	**-t**	**-ait**	**-ra**	**-rait**
nous	**-ons**		**-ions**	**-rons**	**-rions**
vous	**-ez**		**-iez**	**-rez**	**-riez**
ils	**-ent**		**-aient**	**-ront**	**-raient**

	直・単純過去			接・現在	接・半過去	命令法	
je	**-ai**	**-is**	**-us**	**-e**	**-sse**		
tu	**-as**	**-is**	**-us**	**-es**	**-sses**	**-e**	**-s**
il	**-a**	**-it**	**-ut**	**-e**	**^t**		
nous	**-âmes**	**-îmes**	**-ûmes**	**-ions**	**-ssions**	**-ons**	
vous	**-âtes**	**-îtes**	**-ûtes**	**-iez**	**-ssiez**	**-ez**	
ils	**-èrent**	**-irent**	**-urent**	**-ent**	**-ssent**		

〔複合時制〕

直　説　法	条　件　法
複合過去 (助動詞の直・現在＋過去分詞)	過　去 (助動詞の条・現在＋過去分詞)
大 過 去 (助動詞の直・半過去＋過去分詞)	接　続　法
前 過 去 (助動詞の直・単純過去＋過去分詞)	過　去 (助動詞の接・現在＋過去分詞)
前 未 来 (助動詞の直・単純未来＋過去分詞)	大過去 (助動詞の接・半過去＋過去分詞)

* **現在分詞**は，通常，直説法・現在１人称複数の語尾 -ons を -ant に変えて作ることができる．(nous connaissons → connaissant)
* **直説法・半過去**の１人称単数は，通常，直説法・現在１人称複数の語尾 -ons を -ais に変えて作ることができる．(nous buvons → je buvais)
* **直説法・単純未来**と**条件法・現在**は，通常，不定法から作ることができる．
(単純未来： aimer → j'aimerai　　finir → je finirai　　écrire → j'écrirai)
　ただし，-oir 型動詞の語幹は不規則．(pouvoir → je pourrai　　savoir → je saurai)
* **接続法・現在**の１人称単数は，通常，直説法・現在３人称複数の語尾 -ent を -e に変えて作ることができる．(ils finissent → je finisse)
* **命令法**は，直説法・現在の２人称単数，１人称複数，２人称複数から，それぞれの主語 tu, nous, vous を取って作ることができる．(ただし，tu -es → -e　　tu vas → va)
　avoir, être, savoir, vouloir の命令法は接続法・現在から作る．